웬디 수녀의
명 상

웬디 수녀의
명 상

예담

"A Dorling Kindersley Book"
www.dk.com

Original title: Sister Wendy: Book of Meditations
Copyright ⓒ 1998 Dorling Kindersley Ltd., London
Text Copyright ⓒ 1995 Sister Wendy Beckett

이 책의 한국어판 저작권은 Dorling Kindersley 사와의 독점 계약으로 예담출판사에 있습니다. 저작권법에 의해 한국 내에서 보호를 받는 저작물이므로 무단 전재 및 복제를 금합니다.

웬디 수녀의 명상

초판 1쇄 인쇄 2005년 11월 5일
초판 1쇄 발행 2005년 11월 15일

지은이 | 웬디 베케트
옮긴이 | 이영아
펴낸이 | 김태영

상무 | 신화섭
책임편집 | 정지연
편집기획 | 김은주 최혜진 도은주 조지혜
외서기획 | 이유정
디자인 | 김정숙 하은혜
제작 | 송현주
마케팅 | 신민식 정덕식 권대관 송재광 임태순
경영지원 | 하인숙 고은미 임효구 봉소아 김성자
인터넷사업 | 정은선 김선아
광고홍보 | 김현종 김정민 이세윤

펴낸곳 | 예담출판사
출판등록 | 1999년 1월 5일 제13-904호
주소 | 서울시 마포구 도화동 22번지 창강빌딩 15F
전화 | 704-3861 팩스 | 704-3891
e-mail | editor@yedamco.co.kr
www.yedamco.co.kr

값 13,000원
ⓒ 예담, 2005
ISBN 89-5913-108-3 03840

* 잘못된 책은 바꿔드립니다.

차 례

· 명상 - 침묵에 대하여 ·

8   깊은 침묵
10 얕은 침묵
12 돌파구
14 빛 속으로
16 현현
18 고요한 마음
20 풍요로운 공허
22 묵상의 침묵
24 역설
26 침묵에 대한 동경
28 정화
30 진실한 균형
32 혼돈의 한가운데
34 침묵과 시간
36 불굴의 정신
38 바벨탑 너머에
40 정물
42 기다림의 침묵
43 침묵의 행복

· 명상 - 평화에 대하여 ·

46 상상 속의 평화
48 이상적인 세계
50 조건부 평화
52 마음의 평화

- 54 의미 있는 삶
- 56 관조
- 58 움직이는 고요함
- 60 눈으로 하는 기도
- 62 인간의 실패
- 64 용기
- 66 평화의 축복
- 68 평화의 환영 幻影
- 70 빛나는 요새
- 72 평화의 선택
- 74 소외
- 76 평화로의 여정
- 78 구속 救贖

· 명상 – 사랑에 대하여 ·

- 82 육체적 포옹
- 84 애정 어린 경외
- 86 사랑의 선택
- 88 평생의 약속
- 90 어머니의 사랑
- 92 걸음마
- 94 나비를 쫓아서
- 96 사랑의 시선
- 98 이별
- 100 후회
- 101 조건부 사랑
- 102 무조건적인 믿음
- 104 강박관념
- 106 동굴 너머에
- 108 요새
- 110 자신을 잊기
- 112 완전한 사랑
- 114 사랑의 상징

· 명상 – 기쁨에 대하여 ·

- 118 기쁨의 본질
- 120 기쁨의 선택
- 122 찰나의 즐거움
- 124 아기의 기쁨
- 126 기쁨을 끌어안고
- 128 영감
- 130 구원
- 132 환상
- 134 시간에 빠져
- 136 황홀경
- 138 기쁨의 샘
- 140 승리의 기쁨
- 141 마음의 만족
- 142 기쁨 속의 자신감
- 144 빛나는 진리
- 146 경험을 넘어서
- 148 행복의 왕국
- 150 기쁨과 기도
- 152 삶을 긍정하는 기쁨
- 154 찾아보기
- 158 도판 출처

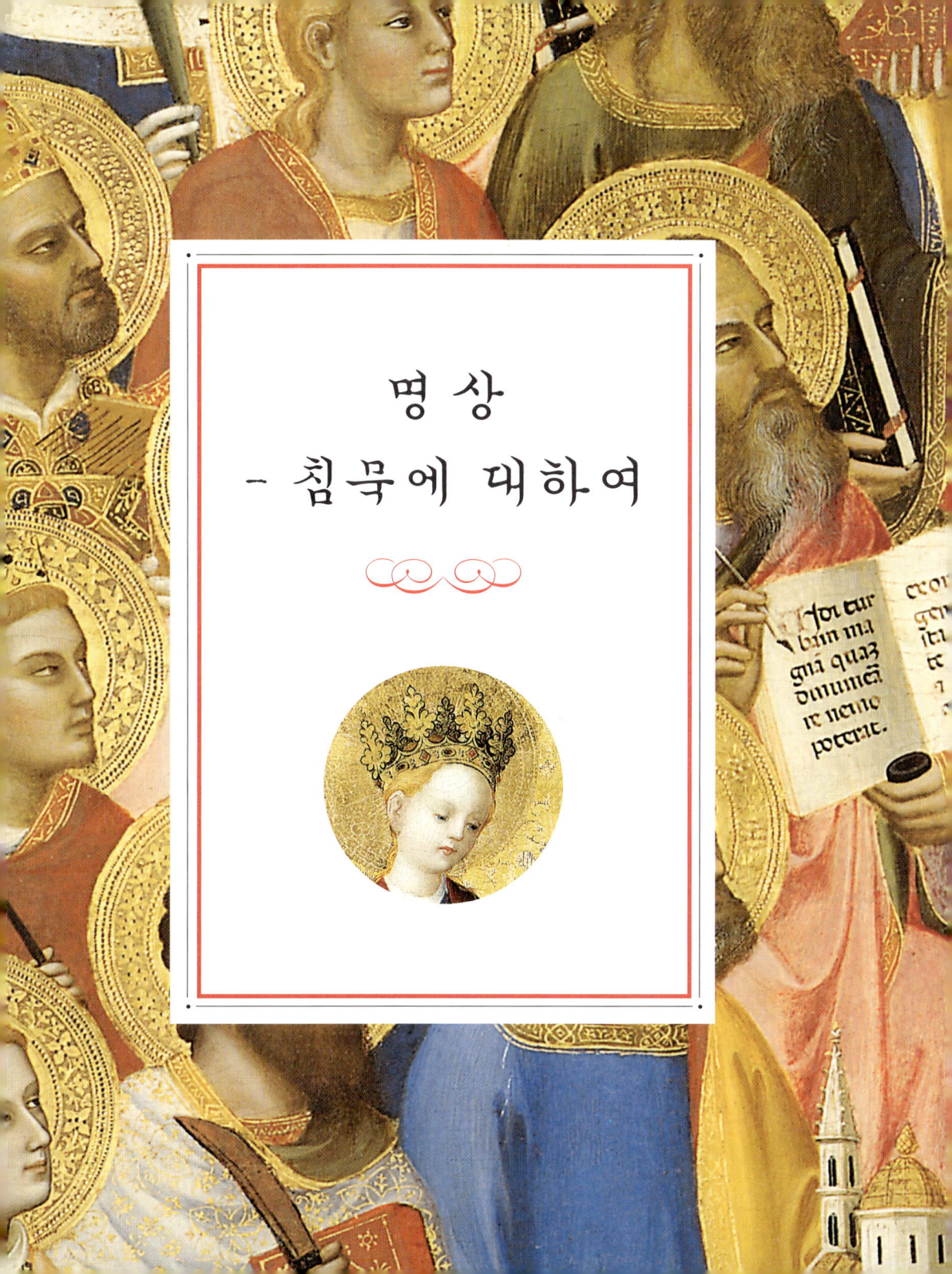

명상
- 침묵에 대하여

깊은 침묵

마음속 진실을 창조적으로 깊이 깨닫게 해주는 침묵은 인간만이 가진 능력이다. 아무리 평범한 사람이라도, 아무리 허물 있는 사람이라도, 인간은 누구나 완성에 대한 끝없는 갈망을 가슴속에 품고 있다. 렘브란트의 초상화들이 그토록 아름다운 것은 그것을 자각하고 있기 때문이다. 한 여인이 비밀스러운 상념에 푹 빠져 있다. 상징적으로 대충 처리된 어두컴컴한 배경 때문에, 여인의 얼굴을 부드럽게 감싸는 광휘가 더욱 밝아 보인다. 언뜻 보기에도 침묵하고 있는 그녀는 인간의 신비와 조우하고 있다. 그녀는 사랑의 표상인 카네이션을 응시하는 것이 아니라, 침묵 속에서 조용히 내면을 들여다보는 일에 몰두하고 있다.

「카네이션을 든 여인」, 1665~69년, 렘브란트 반 레인, 92×74.5cm, 캔버스에 유채, 메트로폴리탄 미술관, 뉴욕

얕은 침묵

페루지노가 그린 얼굴들은 너무 곱거나 속세를 초월한 듯 보이는 경우가 많은데, 특히 이 작은 그림은 좀처럼 잊히지 않는다. 이 여인이 '성 막달라 마리아'라는 것은 형식적인 의미에 불과하다. 페루지노는 여인의 튜닉에 대문자로 수를 놓아서 그녀의 이름을 만천하에 알리는 심술궂은 방법으로 이를 인정했다. 그녀는 침묵하고 있긴 하지만, 아직은 마음속으로 삶의 진지함을 받아들일 준비가 되지 않은 어린 소녀이다. 그녀는 생각에 잠긴 듯하지만, 그것에 온전히 빠지지는 않은 채 영혼의 표면에서 겉돌고 있다. 이는 완전하지 않은 침묵이어서 아무것도 변화시키지 못한다. 이러한 얕은 침묵의 가장 쉬운 예가 공상이다. 진정한 침묵에 이르는 길은 아주 단순하지만 쉽지도 않은데, 자신에게 몰두하는 사람만 그 침묵의 경지에 다다를 수 있다. 자신에게 집중하면 떳떳하지 못한 쾌락을 피할 수 있다. 페루지노의 어린 미녀는 아직 빛을 맞을 준비가 되지 않았다.

「성 막달라 마리아」, 1500년경, 피에트로 페루지노,
47×34cm, 나무 패널에 유채, 피티 궁전, 피렌체

얕은 침묵

돌파구

인생은 그 신비를 자각하지 않으면 더 단순해 보이지만, 그것은 메마른 인생이다. 인생에는 우리가 어리석게 묵살해서는 안 될 가장 본질적인 것이 있다. 퍼트리샤 라이트의 「문」은 그것을 섬세하게 나타낸다. 이 작품은 한 정상적인 존재의 복잡성을 보여주고 있다. 복잡하게 얽힌 선들 뒤로 질서 정연한 격자무늬가 살짝 엿보인다. 그림의 중심으로 다가갈수록 선들은 점점 더 어지럽게 엉킨다. 인간관계에서든 일에서든, 우리의 의식적인 경험을 이루는 사건들의 의미를 그 누가 이해할 수 있을까? 하지만 사건들의 소용돌이 속에는 문이 있다. 그것은 실재하지만 그림자 같은 존재이며, 하나의 돌파구이자 가능성이다. 깊이 침묵하면 그 문이 보이고, 우리는 자유롭게 그것을 열 수 있을 것이다.

돌파구

「문」, 1993년, 퍼트리샤 라이트,
23×23cm, 종이에 아크릴, 개인 소장

빛 속으로

침묵이 우리 안에 열어주는 문은 빛으로 통한다. 빛은 무자비할 정도로 광채를 내뿜으며 아름다운 실체를 드러낸다. 베르메르는 늘 이 성스러운 빛을 그렸다. 얼핏 보기에, 이 그림은 반쯤 열린 창가에 서서 평화롭게 자신만의 생각에 잠겨 있는 젊은 여인을 그린 것 같지만, 그녀와 주위 환경은 구실에 지나지 않는다. 베르메르는 물질세계를 이용해서 우리의 눈에 보이는 빛 자체에 집중한다. 빛은 여인의 흰 머릿수건에 어른거리고, 구리 물주전자 위에 가물거리며, 벽 위로 이루 말할 수 없이 부드러운 빛줄기를 던진다. 그림 속의 요소 하나하나가, 그 실재를 드러내고 변화시키는 빛의 존재를 찬미한다. 베르메르만큼 빛을 완전히 믿은 화가는 없었다. 그래서 그의 예술이 그토록 관조적인가 보다.

빛 속으로

「물주전자를 든 젊은 여인」, 1662년경, 얀 베르메르,
46×42cm, 캔버스에 유채, 메트로폴리탄 미술관, 뉴욕

현 현

추상화가만이 어떤 물질적 배경 없이도 빛 그 자체를 보여줄 수 있다. 이 그림은 세상을 변화시키는 평화로서 찬미할 수 있는 무형無形의 경험, 바로 순수한 침묵을 보여준다. 이 그림의 제목인 「공현Epiphany」은 '신의 영광이 모습을 드러내는 현현顯現'을 뜻하는 그리스어이다. 꼭 냇킨의 그림을 이해해야 하는 것은 아니듯, 침묵하는 동안 지적으로 생각할 필요는 없다. 침묵 속으로 들어가 성스러운 신비에 그대로 우리의 몸을 내맡기면 된다. 이때 생각을 하지 않는 것이 아니라 생각의 아래에 있는 것이다. 냇킨은 빛깔의 무한한 색조들과 끊임없이 엷어지는 광휘를 보여준다. 그의 그림을 응시하면 할수록 더 많은 것이 '보인다'. 이미지로 이해하는 게 아니라 순수하게 유채색 빛으로 경험하게 된다. 이러한 원시적인 경험은 침묵에 꼭 필요하다.

「공현」, 1990년, 로버트 냇킨,
178×127cm, 캔버스에 아크릴, 개인 소장

고요한 마음

그저 몸으로 침묵하기보다는 그 침묵 속에서 무엇을 하느냐가 중요하다. 위대한 신비주의자인 아빌라의 성 테레사는 마음을 가리켜, '달그락거리며 계속 돌아가는 맷돌'이라고 했다. 끊임없이 생각하는 것이 바로 마음의 본성이다. 정신적으로 전념하여 그 마음을 고요히 가라앉힐 수 있지만, 자기에게만 집중하다 보면 진짜 목적을 간과할 수도 있다. 침묵의 목적은 행동으로 침묵하기보다는 고요함 자체를 받아들이는 것이다. 생각에서 완전히 자유로워지는 유일한 상태는 바로 무아경無我境이다. 라파엘로의 성녀 카타리나는 오로지 신에 대한 생각으로 넋이 빠져 있다. 그녀는 자신이 진정 살아가고 있는 곳인 천상을 향해 돌아가는 순교의 수레바퀴에 무심히 기대어 있다. 이러한 무아경의 상태는 순수한 은총이다(구한다고 얻을 수 있는 것이 아니다. 구하려는 순간 자아가 기어 들어와 그러한 노력을 무용지물로 만들어 버린다).

「알렉산드리아의 성녀 카타리나」(부분), 1507년경, 라파엘로,
71.5×53.5cm, 나무 패널에 유채, 국립미술관, 런던

고요한 마음

풍요로운 공허

벤존슨은 텅 빈 곳을 비추는 빛을 그림의 주된 테마로 삼았다. 「여왕의 집, 그리니치 Ⅱ」는 철저히 정지된 상태로 그 모습을 적나라하게 드러낸다. 고요한 풍경 속에서, 우리는 아치문을 지나가기보다는 그냥 미동도 않고 서 있고 싶은 유혹을 느낀다. 어떤 소리도 거의 들리지 않는 그곳에서, 존슨은 풍요로움이란 움직이지 않고 가만히 서 있는 데에 있다고 넌지시 말한다. 그저 그곳에 서 있는 것만으로도 고전적인 평정 속에서 우리의 미미함을 깨달아 진정한 자신이 될 수 있다. 침묵으로 인해 드러나는 것은 외부의 현실이 아니라 우리 자신의 내부이다. 침묵이란 신성한 신비의 성스러움에 몸을 내맡기는 것이다. 무신론자라도 침묵의 평화 속에서 영혼을 차분히 가라앉히면 이름 모를 신비의 빛에 휩싸인다. 우리는 귀 기울여야 한다. 무엇에? 침묵에.

「여왕의 집, 그리니치 II」, 1978년, 벤 존슨,
244×120cm, 캔버스에 아크릴, 개인 소장

묵상의 침묵

침묵에는 여러 층이 있다. 반 데르 웨이덴의 막달라 마리아는 깊은 침묵에 빠져 있지만 책을 읽고 있다. 그녀의 정신이 활발하게 움직인다. 이는 한결 가벼운 침묵이다. 읽고 있는 내용을 받아들이기만 하면 되기 때문이다. 막달라는 분명 성서를 읽으며 그 내용을 묵상하고 있지만, 그녀의 침묵은 오직 그 구절들 사이에만 있고 또한 그에 연관되어 있을 것이다. 뭔가를 읽으면서 틈틈이 침묵 속에 반추하지 않는다면 그 내용을 완전히 이해할 수 없다. 이때의 침묵은 유익하긴 하지만 불완전하고 깨지기 쉽기도 하다. 우리는 글을 읽고, 정신을 일깨우고, 완전한 고요함의 절대성에 반응할 수 있는 내적 본질을 지니고 있어야 한다. 하지만 이렇듯 선택한, 사색적인 침묵은 그 의미가 크지 않다.

「책을 읽는 막달라 마리아」(부분), 1445년경, 로히르 반 데르 웨이덴,
61.5×54.5cm, 나무 패널에 유채, 국립미술관, 런던

묵상의 침묵

역 설

침묵은 역설이다. 강렬하게 존재하는 동시에 존재하지 않는다. 침묵은 어떤 점에서는 아주 능동적이기 때문에 그 수동성을 설명하기가 어렵다. 우리는 스스로를 침묵에 내맡긴 채 정신 작용을 시작하지도, 거기에 협력하지도 않기로 한다. 그런데 바로 이러한 수동 상태에서 창조성이 솟아난다. 마치 폭포를 바라보고 있는 것 같은 느낌을 주는 레베카 솔터의 추상화들은 모든 세속적인 욕구로부터의 신비

로운 해방을 잘 나타낸다. 솔터는 침묵 그 자체를 그린 듯하다. 그림은 역동적으로 움직이면서도 정지되어 있어, 우리는 이 그림에 시선을 빼앗기고 우리가 마주하고 있는 형상들 사이를 이리저리 헤맨다. 특별히 말할 것도 경험할 것도 없지만, 아무리 봐도 질리지 않는다. 이 그림은 바로 이미지의 부재로써 침묵의 행복을 개략적으로 보여준다.

「무제 H30」(두폭화),
1993년, 레베카 솔터,
137×244cm, 캔버스에 아크릴,
질 조지 미술관, 런던

침묵에 대한 동경

깊은 침묵에 빠지는 것은 우리가 무심코 뭔가에 빠지는 것과는 다르다. 실제로 그런 일이 일어나기도 하고, 그것은 분명 축복받은 일이지만, 대개 우리는 시공을 무시하는 방법으로 영혼의 평온함을 얻는다(이렇게 하지 않거나 그것을 꺼리면 인간으로서의 완성을 이루지 못할지도 모른다). 크레이기 에이치슨이 그린 홀리 섬의 정경은 이러한 선택이 어떤 것인가를 아주 단순하게 보여준다. 갈색 대지, 푸른 바다, 붉은 하늘, 신의 영광으로 빛나는 잿빛 홀리 섬. 타기만 하면 우리를 그 섬으로 데려다줄 작은 배도 한 척 있다. 과장된 것 하나 없이 모든 것이 명쾌하다. 그것은 침묵 자체라기보다는 차라리 침묵에 대한 동경이다. 우리는 인간의 정신보다 더 위대한 침묵을 우리의 지적 범주 안에 눌러 넣을 수 없다. 침묵은 항상 우리를 교묘히 피해 가기 때문이다. 하지만 신성한 삶을 그린 에이치슨의 경이로운 작품에는 침묵에 대한 동경, 침묵하고자 하는 절대적 욕구가 표현되어 있다.

침묵에 대한 동경

「램래시 만에서 바라본 홀리 섬」, 1994년, 크레이기 에이치슨, 106.5×96.5cm, 캔버스에 유채, 토머스 기브슨 파인 아트 사, 런던

정 화

침묵에 빠져드는 것은 시원하고 맑은 물 속으로 들어가는 것과 같다. 먼지와 티끌이 조용히 씻겨 나가고, 우리는 하찮은 생각들을 털어낸다. 이러한 정화淨化는 우리가 그것을 의식하든 의식하지 않든 일어난다. 가만히 멈춰서 침묵하려는 선택, 바로 그것이 하루의 때를 씻어 내린다. 쿠르베의 그림 속에서 개울은 조용히 흘러 암벽의 암흑 속으로 사라진다. 이는 우리가 침묵의 위안을 받아들이면서 빠져들게 되는 신비로움을 보여주는 행복한 이미지이다.

「브렘 강」, 1865년, 구스타브 쿠르베, 73.5×92.5cm, 캔버스에 유채, 브장송 미술관, 브장송

진실한 균형

우리는 투쟁의 세상, 아니 전투의 세상에 살고 있다. 알렉산드로스 대왕은 이수스 전투로 그 당시 세계의 역사를 바꾸어놓았다. 그런데 알트도르퍼의 그림에서는 그 전쟁이 얼마나 사소하고 대단찮은 일인지. 우리는 광대한 시공간을 사이에 두고, 하찮은 격노로 싸우는 이들에게서 멀리 떨어진 채 높은 하늘에서 그들을 내려다본다. 이렇게 보면 산들도 작고 하잘것없어 보인다. 빛과 어둠이 만나는 하늘에서, 새벽과 일몰이 날마다 벌이는 운명적인 전투야말로 진정한 사건이다. 우리를 일상에서 멀리 떼어놓는 침묵은 우리의 삶을 흔들어 균형을 맞춰주고, 덧없고 무의미한 것에 매달리지 않는 법을 가르쳐준다.

「이수스 전투」(부분), 1529년, 알브레히트 알트도르퍼, 158.5×120.5cm, 나무 패널에 유채, 알테 피나코테크, 뮌헨

혼돈의 한가운데

우리는 중요한 것과 중요하지 않은 것을 구분하는 법을 배우고 싶어한다. 몬드리안의 「생강 단지가 있는 정물 11」은 어떤 의미가 있든 없든, 선들이 기하학적으로 뒤죽박죽 얽혀 있다. 그러나 그 한가운데에는 깨끗한 둥근 단지가 가만히 서서 빛나고 있다. 실존주의적 혼

「생강 단지가 있는 정물 11」, 1911~12년, 피에트 몬드리안,
91.5×120cm, 캔버스에 유채, 하흐게멘테 박물관, 헤이그

돈 한가운데에서 그 단지만이 확실성을 띠고 있다. 우리의 삶이 질서를 되찾는 순간은 그렇게 가만히 서서 자신의 내적 현실을 들여다볼 때이다. 굳이 그것을 생각하지 않아도 침묵은 분명한 질서를 보여준다. 들떠 있는 마음을 가라앉히고 나면 우리는 그제야 본질을 보고 있음을 깨닫는다.

침묵과 시간

「세개의 회색」은 힐끔 보면 단조롭고 너무나 규칙적이어서 그냥 지나치게 된다. 하지만 좀더 찬찬히 뜯어보면, 이 그림에는 미묘한 색조들과 움직이는 수직선들이 무수히 많다. 그 아름다움은 때가 되어야 모습을 드러낸다. 침묵이란 시간과 친해지는 일이다. 침묵은 시간과 싸우지도 않고, 시간을 허비하지도 않으며, 시간을 뒤쫓으려 하지도 않는다. 침묵은 시간과 함께 자유롭게 떠돌아다니면서, 순간순간 흐르는 것을 그대로 내버려둔다. 침묵은 실질적으로는 회색빛에서 아름다움을 볼 줄 알게 할 뿐만 아니라, 훨씬 더 심원한 수준에서 자유로워지는 방법이다. 침묵 속에서 우리는 시간의 힘을 깨부수고, 우리의 진정한 집이 영원 속에 있음을 실제로 믿게 된다.

「세 개의 회색」, 1987년, 유코 시라이시,
183×137cm, 캔버스에 유채, 에드워드 토타 미술관, 런던

침묵과 시간

불굴의 정신

보티첼리의 아름다운 작품 「불굴의 정신」에서 여인은 무장한 채 침묵 속에서 뭔가를 기다리고 있다. 이는 온 힘을 모아 주의를 기울이는 침묵이다. '불굴의 정신'은 전혀 공격 자세를 취하지 않는다. 그녀는 부드럽게 흘러내리는 옷을 입고 앉아 편안하게 무기를 쥐고 있다. 하지만 쉬는 동안에도 경계를 늦추지 않는다. 그녀의 발은 언제라도 행동을 개시할 준비가 되어 있고, 팔과 가슴은 갑옷으로 무장되어 있다. 침묵에서 우연한 것은 없다. 침묵은 평화 속에서 힘을 발휘하며 앞으로 우리에게 닥쳐올 일들을 대비할 수 있게 한다. 우리가 육신의 눈을 감고 있든 뜨고 있든, 침묵 속에서 영혼의 눈을 크게 뜨고 방심하지 않는다. 침묵은 그 자체로 하나의 갑옷이다.

「불굴의 정신」, 1470년경, 산드로 보티첼리,
167×87cm, 나무 패널에 템페라, 우피치 미술관, 피렌체

불굴의 정신

바벨탑 너머에

우리가 침묵으로써 경계하는 주 대상은 바로 바벨탑이다. 그칠 줄 모르는 한심한 잡담, 생각을 어지럽히는 말들, 우정이나 사랑을 깨뜨리는 말들, 심심풀이 수다. 성경 속의 바벨탑은 다른 언어들이 생겨나서 인간이 서로를 이해할 수 없게 되었음을 은유한다. 그러나 다른 언어들에 대한 이질감은 연막에 불과하다. 자신의 본마음을 알리고 다른 이의 진심을 듣는 것은 아주 소중한 일이다. 브뢰헬이 훌륭하게 보여주고 있듯이, 바벨탑은 우리의 힘을 완전히 빼앗는다. 이 거대한 탑은 그 탑을 쌓거나 그 주위에 있는 모든 이의 기력을 소모시키고 있다. 우리는 말없이 진심으로 신에게 의지하려고 한다.

「바벨탑」, 1563년경, 피테르 브뢰헬,
114×155cm, 나무 패널에 템페라, 예술사 박물관, 빈

정 물

햇빛이 내리쬐고 있는 크리스털 꽃병에 꽂힌 마네의 「흰 라일락」은 그저 존재할 뿐 다른 기능은 전혀 없다. 불행하게도 병으로 짧은 생을 살다 간 마네는 생애의 마지막 해에 소박한 꽃들이 꽂힌 꽃병을 여러 점 그렸다. 그는 분명 그 외로운 존재감에 감동했을 것이다. 또한 아픔으로 가득 찬 나날의 불안과 고통 속에서 그것들은 그에게 위안이 되어주었을 것이다. 이렇듯 침묵은 인생을 수수하고 아름답게 한다. 우리는 그냥 조용히 은총의 바다에서 새롭게 태어나 평화로운 햇살을 받기만 하면 된다.

「흰 라일락」, 1882~83년, 에두아르 마네,
54×42cm, 캔버스에 유채, 국립미술관, 베를린

정 물

기다림의 침묵

이 황홀한 세밀화는 밤에 홀로 연인을 기다리는 젊은 여인의 모습을 보여준다. 천지 만물이 그 기다림을 함께하는 가운데 달은 그물 침대인 양 하늘에 걸려 있다. 여인이 침묵할 수 있는 것은 바로 이렇게 확신에 가득 찬 기대 때문이다. 우리는 적극적으로 기다리고 있다. 그 기다림의 대상은 홀로 이루는 개인적인 깨달음이어야 한다. 그러나 침묵하려면 침묵에 대한 믿음이 있어야 한다.

「사랑하는 이를 기다리며」, 1820~25년, 인도 세밀화,
25×17cm, 종이에 구아슈, 빅토리아 앨버트 박물관, 런던

침묵의 행복

이도기는 중국의 어느 사원 혹은 어느 집의 용마루에 몇 백 년 동안 서 있었다. 이것은 궁극의 지고지순한 행복의 경지에 이른 불교의 성인이자 수행자인 아라한阿羅漢의 모습이다. 사계절 내내 비바람에 시달린 이 아라한은 침묵의 행복을 더없이 아름답게 표현하고 있으며, 그의 영적 미소는 광대한 평화를 이야기한다. 그는 침묵을 통해 진정한 성취라는 큰 성과를 거두었다. 그의 미소는 우리를 향해 짓는 미소도 아니고, 어떤 목적이 있어 짓는 미소도 아니다. 단지 그의 평온한 정신이 온화한 미소를 짓게 할 뿐이다. 우리가 침묵으로 도달하고자 하는 바로 그곳에 그가 있다.

「불교식 용마루 도기」, 중국 명 왕조 말기, 38cm, 유약 도기, 앨리스테어 샘슨 사

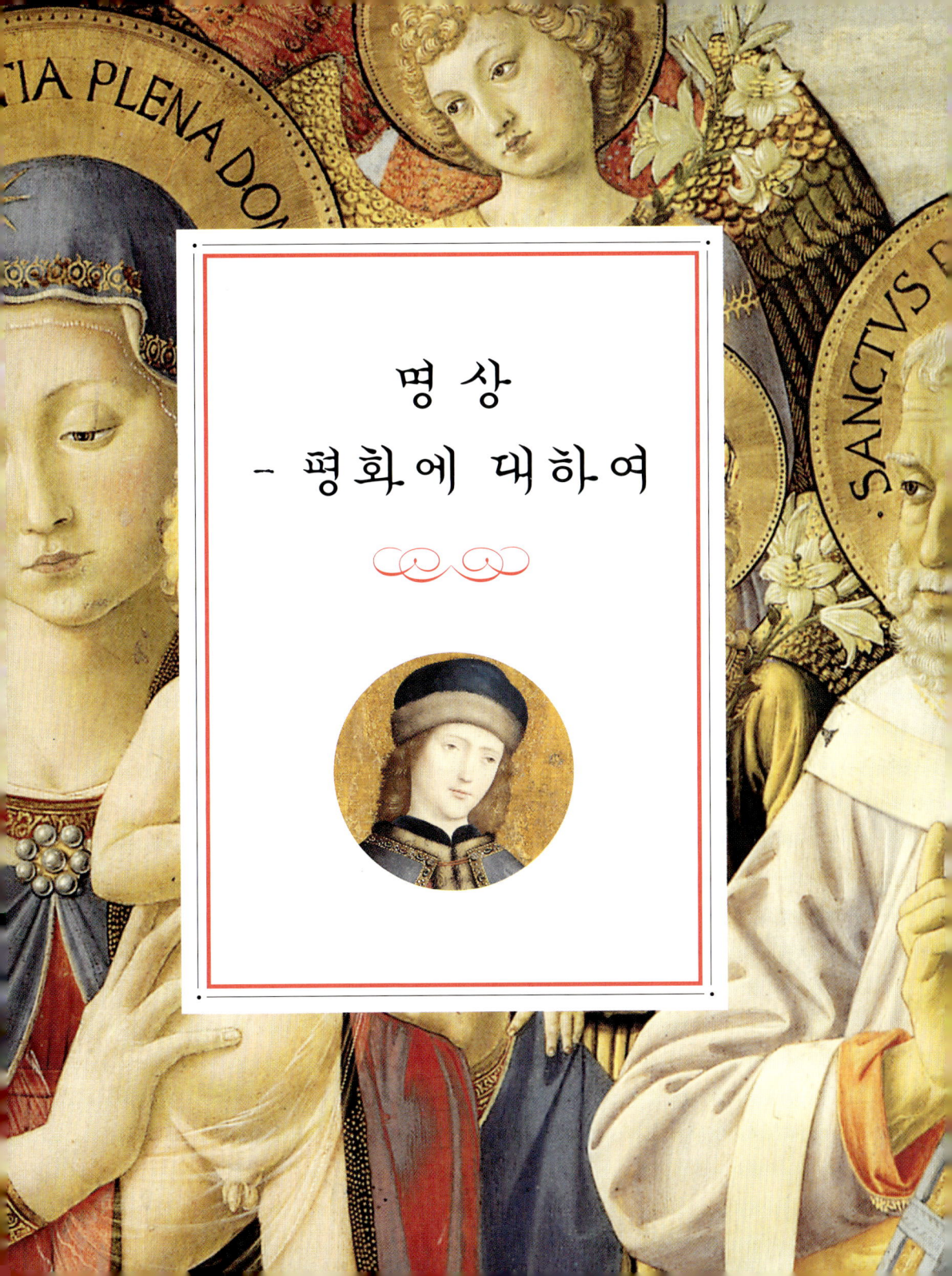

명 상
– 평화에 대하여

상상 속의 평화

평화는 우리의 가장 강한 욕구이지만, 그것을 바란다고 해서 평화로워지는 것은 아니다. 그렇지만 우리는 그 이미지만으로도 위안을 얻는다. 때 묻지 않은 시골 풍경을 그린 그림들은 많은 사람들이 평화의 본질로 여기는 광경을 생생하게 보여준다. 컨스터블의 「밀밭」에는 햇살이 반짝이고, 비옥한 들판이 끈기 있게 추수를 기다리고 있다. 물은 맑고 깨끗하며, 동물들은 인간들과 자연스레 어울린다. 소동도 골칫거리도 없고, 귀에 거슬리는 소음도 들리지 않으며, 누군가에게 시달릴 일도 없다. 이 풍경은 우리가 상상 속에 그리던 평화의 모습이다.

상상 속의 평화

「밀밭」, 1826년, 존 컨스터블,
143×122cm, 캔버스에 유채, 국립미술관, 런던

이상적인 세계

평화의 근사한 이미지인 완벽한 시골은 완벽한 도시만큼이나 비현실적이다. 피렌체의 어느 무명 화가는 크고 우아한 건물들이 조화롭게 존재하는 아주 넓고 아름다운 곳을 이상적인 도시라고 생각했던 것 같다. 이상적인 도시의 정경은 기분을 고양시키지만, 그 도시에는 아무도 살지 않는다. 그 풍경에 인간이 소란스럽게 끼어드는 순간, 온화한 평화의 이미지는 무너져버리고 만다. 그러나 평화의 본질을 이상적인 세계, 혹은 침묵이나 고

독에 기댄 것이라고 생각한다면 착각이다. 언젠가는 고뇌가 뿌리 깊이 박힌 현실을 받아들여야 하기 때문이다.

「이상적인 도시의 정경」, 1470년경, 피렌체의 무명 화가,
60×200cm, 나무 패널에 유채, 도제 궁전, 우르비노

조건부 평화

벨리니의 「알레고리」는 해석하기가 만만치 않지만, 이 그림은 분명 '불확실성, 부정(不定), 불안정'이라는 주제를 갖고 있다. 지구의가 여인의 무릎 위에서 아슬아슬하게 균형을 유지하고 있고, 실제로 그것을 떠받치는 아이는 한 명뿐이다. 그 일에 싫증난 다른 아이들은 장난치며 신나게 놀고 있다. 외부 환경에 휘둘리는 평화는 이처럼 불안하다. 건강하고, 돈 걱정 없고, 인간관계도 원만하고, 일까지 재미있다면 세상은 아름다워 보이고, 아이들은 미소를 지으며, 우리는 평화로울 것이다. 그런데 과연 그러한 평화가 가치 있을까? 뜻밖의 사고나 자연의 변화로 그 평화가 한순간에 깨질지도 모른다. 꼼짝 않고 있는 여인의 무릎과 아틀라스 같은 자세로 애써 버티고 있는 꼬마에게 기댄 평화는 어설프고 불확실하다. 뭔가에 의존해서는 평화로울 수 없다.

「알레고리 : 부정(不定)」, 1490년경, 조반니 벨리니,
33×22cm, 나무 패널에 유채, 아카데미아, 베네치아

조건부 평화

마음의 평화

비현실적인 조건을 요구하는 평화는 가짜이다. 노동이나 불안, 긴장감이 없는 인생은 없다. 그것들을 피하기보다는 이해하고 거기에 휘둘리지 않으면 평화를 얻을 수 있다. 그림들 중에서 가장 평온한 얼굴로 그려진 사람은 라파엘로의 성 니콜라우스이다. 아주 활동적인 주교였던 그가 행한 기적들은 전설에 불과할지도 모르지만, 그 이야기들은 불행한 백성들에게 실제로 도움을 준 그의 위대한 신망을 증명한다. 이 그림에서도 그는 침묵의 기도에 빠진 것이 아니라 홀장을 똑바로 든 채 성서를 읽고 있다. 시련 없는 인생이라고 해서 내적 평화를 반드시 얻을 수 있는 것은 아니다. 오히려 평화는 그러한 시련의 가치와 자극의 중요성을 간파할 때에 찾아온다.

「바리의 성 니콜라우스」(「안시데이의 성모 마리아」의 부분), 1505년, 라파엘로, 209.5×148.5cm, 나무 패널에 유채, 국립미술관, 런던

의미 있는 삶

우리는 뭔가에 확신할 수 있길, 우리 앞에 가로놓인 장애물이 없어지길, 무슨 일을 하든 성취가 확실히 보장되길 바라며 천사와 직접 만날 수 있길 갈망한다. 보티첼리의 성모 마리아는 축복받은 부르심을 받고는 신심 깊은 경이로움에 동요하고 있다. 이후에 어떤 일이 벌어질까? 마리아는 아들이 죄인으로 죽은 후 오로지 신앙만을 위안으로 삼아 외롭고 가난한 삶을 살아갈 것이다. 인간적인 강인함은 인간적인 만족으로 이어지지만, 운명을 이기지는 못한다. 그 강인함은 삶의 목적이 되기에도 부적격할 뿐만 아니라 우리를 평화롭게 해주지도 못한다. 영원한 평화는 의미 있는 삶 속에 있다. 마리아에게 그 의미란 성자^{聖子}였다. 다른 이들은 옳은 일을 하겠다는 결심, 그리고 누구도 그 결심을 흐릴 수 없으리라는 굳은 확신에서 인생의 의미를 찾을 수 있다.

의 미 있 는 삶

「수태고지」, 1489~90년, 산드로 보티첼리,
150×156cm, 나무 패널에 템페라, 우피치 미술관, 피렌체

관 조

역설적이게도 평화에 이르는 길은 평화가 아닌 무욕無慾을 구하는 것이다. 자기 욕심만 차리면 잠재력을 마음껏 펼칠 수 없고 평화에 이르는 마음의 평정을 얻지 못한다(우리는 완전무결을 추구해야 하지만 그것을 이룰 수는 없음을 인정해야 한다). 시뇨렐리는 「할례」의 이 부분에서 평화를 보여주려고 하지는 않았다. 그는 사실적으로 정확하게 묘사하기보다는 자신의 시각에 충실하게 그리려 했다. 이렇게 자신을 완전히 잊고 헌신적으로 작업한 예술 작품을 통해, 시뇨렐리는 우리에게 내적 평화의 광경을 보여준다. 할례를 행하고 있는 이 두 사람은 적극적으로 시술에 끼어들지는 않고, 그것을 관조하는 역할에 열중하고 있다. 그들이 누구인지는 중요하지 않다. 이 드라마에서 구경꾼인 그들은 애정 어린 마음으로 할례 장면을 지켜보고 있다. 그들은 자기를 의식하지 않고 온전히 현실에 응답하는 것으로 평화를 얻는다.

「두 사람의 머리」(「할례」의 부분), 1491년경, 루카 시뇨렐리, 285.5×180cm, 나무 패널에 유채, 국립미술관, 런던

움직이는 고요함

균형은 아주 수학적이거나 정밀하다. 켈트족 시각예술의 절정을 보여주는 『켈스의 서』는 글자들의 형태가 놀라울 정도로 서로 얽히고설킨 진기한 작품이다. 하지만 더욱 놀라운 것은 그 신비로운 균형감이다. 서로 보완적인 균형이 아니다. 오른쪽 꼭대기에 있는 기이한 인간 형상은 대응되는 짝이 없다. 이 페이지는 「마르코 복음서」의 첫 문장 (Initium evengelii IHU XPI)을 라틴어로 쓴 것인데, 공간은 대부분 첫 단어 중 N의 거대한 수직선들로 채워져 있다. 그러나 글자들이 아무리 제멋대로 비틀리고 뒤얽혀도 그 형태는 균형을 이루어 고요하고 깨끗하다. 움직임 속에 깊고도 충만한 평화가 있다.

『켈스의 서』 중 「마르코 복음서」의 첫 문장, 800년경,
33×24cm, 템페라, 트리니티 칼리지, 더블린

눈으로 하는 기도

평화가 마음의 평정에서 온다는 것을 이해하면 『코란』의 이 한 장(張)의 매력을 사색할 수 있다. 고대 아라비아 문자로 씌어진 이 경이로운 서체는 알라의 말씀에 경의를 표하기 위하여 만들어졌는데, 당당한 곡선과 급격히 떨어지는 획들, 반점들이 서로 독특하게 어울려 완전한 조화를 이룬다. 이 글씨를 쓴 사람은 값비싼 잉크로 예술적인 서체 감각을 마음껏 발휘했지만, 인간의 재능 이상의 것, 바로 눈으로 하는 기도, 신성한 존재에 대한 성스러운 긍정을 추구하고자 했다. 인간의 힘이 닿지 않는 목표임을 알기에, 그는 불확실한 모양의 글씨를 통해 그 목표를 이루려고 했다. 그리고 기적은 일어났다.

『코란』의 한 장, 연대 미상,
21.5×11.5cm, 종이에 잉크, 콩데 박물관, 샹티이

ولقد قالوا كلمة الكفر وكفروا بعد
اسلامهم وهموا بمالم ينالوا وما نقموا
الا ان اغنيهم الله ورسوله من فضله فان
يتوبوا يك خيرا لهم وان يتولوا يعذبهم
الله عذابا اليما في الدنيا والاخرة وما لهم
في الارض من ولي ولا نصير ومنهم من
عاهد الله لىن اتينا من فضله لنصدقن
ولنكونن من الصالحين فلما اتيهم من
فضله بخلوا به وتولوا وهم معرضون
فاعقبهم نفاقا في قلوبهم الى يوم
يلقونه بما اخلفوا الله ما وعدوه وبما
كانوا يكذبون الم يعلموا ان الله يعلم

인간의 실패

인생은 바라는 대로 굴러가지 않는다. 그리하려는 순간, 욕망과 현실의 균형을 맞춰야 하는 평화는 날아가버린다. 호쿠사이의 인상적인 그림에서는 거대한 파도가 어떤 배를 집어삼키기 직전이다. 한 치 앞을 알 수 없고, 태초에 그랬듯 달리 손쓸 방도가 없다. 그 약하기 그지없는 배들은 살아남을까, 아니면 파도에 휩쓸리고 말까? 인간에게 끊임없이 닥쳐오는 위험, 우리는 그것을 인정하되 생각하지 않아야 한다. 우리는 우리가 할 수 있는 일을 할 뿐이다. 그리고 무엇이 중요하고 그렇지 않은가를 생각하며 참고 견딘다. 최악의 상황은 갑작스러운 불운에 휩쓸리는 것이 아니라 원칙에 따라 살지 못하는 것이다. 그러나 쉽게 잘못을 저지르는 우리이기에, 평화의 정반대에 있는 진짜 최악의 상황은 실패를 인정하고 겸손하게 다시 시작하려 하지 않는 것이다.

「거대한 파도」, 1831년, 가쓰시카 호쿠사이,
25×36cm, 종이에 잉크, 개인 소장

용 기

질은 지금 기분이 좋지 않다. 그는 긴장하여 자신의 모습을 완전히 드러낸 채 우울한 얼굴로 서 있다. 그렇다고 해서 그가 평화롭지 않은 것은 아니다. (와토가 분명히 일러주지 않았지만) 어떤 일이 일어나서, 그는 동료 배우들과 떨어져 고통스럽게 홀로 남겨진 것이다. 질은 안절부절못하고 있지만 달리 어쩔 도리가 없다. 어쨌든 감당해야 할 일이니 견딜 뿐이다. 이렇듯 자신의 무력함을 인정하고 피할 수 없는 결과를 기다리는 용기는 평온함을 이루는 요소이다. 질은 그 불가피한 상황을 묵묵히 받아들이기에 마음이 평화롭다. 어쩔 수 없는 일과, 용기와 지성으로 변화시킬 수 있는 일을 구분할 줄 알아야 한다. 그러나 기본적으로, 우리는 스스로 옳다고 생각하는 것에 충실하면 된다.

용기

「질」, 1721년, 장 앙투안 와토,
184.5×149.5cm, 캔버스에 유채, 루브르 박물관, 파리

평화의 축복

평화는 수동적으로 얻어지지 않는다. 크리벨리의 이 아이처럼, 우리는 언제나 장애물들을 살펴야 하며, 최대한 멀리 보려는 노력도 하지 않고 자기 시야의 한계를 인정해서는 안 된다. 우리는 보고, 깊이 생각하고, 가능한 대안들을 궁리한다. 그런 다음에 실현 가능한 일은 기꺼이 하고, 피할 길 없는 일은 순순히 받아들인다. 옳은 것만 생각하고 계획했는데도 실패했다면 그 실패는 아무런 문제가 되지 않는다. 실패는 고통스럽지만 해롭지는 않다(아이는 성공이나 실패의 상대적인 무의미함을 아직 이해하지 못하기에 평화의 이미지라 할 수 없다). 어떤 일이든 도덕적으로 할 수 있는 일을 하고, 그 일의 결과에 투덜거리지 않으면 평화의 축복을 받을 수 있다. 사랑하는 이들도 죽고, 가진 것도 도둑맞거나 줄어들게 마련이다. 남는 것은 오직 선함뿐이다. 아무리 끔찍한 고통이라 해도 영원히 계속되지는 않는다. 바로 그 사실이 우리의 평화를 이루는 바탕이다.

「수태고지」(부분), 1486년, 카를로 크리벨리,
207×146.5cm, 나무에 유채(캔버스로 옮겨짐), 국립미술관, 런던

평화의 환영 幻影

우리는 스스로를 선하다고 평가할 수 없다. 그래서 잘난 척하고 있는 앵그르의 젊은 후작에게 본능적으로 반감을 느낀다. 그가 자기 자신이 고결하다고 생각하는지는 알 수 없지만, 그는 자화자찬의 능글맞은 웃음을 억지로 참으며 서 있다. 진정으로 선한 사람들은 끊임없이 자신의 선함을 의심한다. 자신이 도덕적으로 바르다는 확신만으로는 평화를 얻지 못한다. 옳은 일을 하고자 하는 '겸손한' 욕망이 필요하다. 우아해 보이는 단순한 옷에 눈에 확 띄는 훈장을 달고 도도함이 진하게 배인 손을 허리에 얹은 앵그르의 모델은 의존적인 평화를 누리고 있다. 그 평화는 굴욕과 실패로 깨지고 말겠지만, 진정한 평화는 어떤 일에도 휘둘리지 않는다. 어떠한 상황에서도 선하려고 애쓰면 평화가 찾아온다. 이렇게 생각하면, 영적인 결함을 가진 아메데 다비드에게도 연민이 느껴진다.

평화의 환영

「아메데 다비드, 파스토레 후작」, 1826년, 장 오귀스트 도미니크 앵그르,
103×82cm, 캔버스에 유채, 시카고 아트 인스티튜트, 시카고

빛나는 요새

평화로울 때 무한한 자유를 누릴 수 있다. 무한한 자유는 독립적이기에 현명한 일을 행할 때는 어떤 위험도 무릅쓴다. 스턴은 「바닷가의 집 Ⅱ」에서 물결치는 바닷가에 있는 건물('집')을 보여준다. 파도가 집어삼킬 듯 무섭게 밀어닥쳐도 그 집은 꿋꿋이 서 있다. 예측할 수 없이 무정하게 밀고 들어오는 너울에도 '집'은 흔들리지 않는다. 그 집은 빛나는 요새이다. 그 집은 높은 파도도 무너뜨릴 수 없는, 다른 원리에 의해 존재한다. 거친 파도가 흑과 백으로 표현되었다면, 영혼의 집은 밀려오는 파도가 비껴 나가게 하지는 못해도 그 파도 위에 밝은 빛으로 비친다. 스턴은 두 가지 존재 방식을 보여준다. 바람이 휘몰아치거나 바닷물이 들이치는 것과 같은 일에만 반응하는 물리적 존재, 그리고 내적 진실에 응답하는 영적 존재이다. 물리적 존재는 자유롭게 흘러다니고, 영적 존재는 좁은 땅이 아니라 신에게 발을 딛고 있다.

빛 나 는 요 새

「바닷가의 집 II」, 1994년, 피아 스턴,
21×20.5cm, 종이에 파스텔, 개인 소장

평화의 선택

평화가 깨지기 쉽다는 걸 인정하고 영원의 빛에 큰 의미를 부여하는 것은 어쩌면 일상을 포기하는 것처럼 보일 수도 있다. 함메르쇠이의 여인은 막힌 공간에서 고개를 숙인 채 앉아 있다. 그녀는 어떤 사정으로 자유를 빼앗긴 채 힘없이 갇혀 있는 것처럼 보이기도 한다. 그러나 화가는 또다른 문과 그 너머에 있는 밝은 창을 보여준다. 빛은 여인의 앞과 뒤에서 실루엣을 비춘다. 그녀는 마음만 먹으면 언제든 똑바로 서서 복도로 나갈 수 있다. (책을 읽든지 바느질을 하든지 간에) 꼼짝 않고 있는 것은 그녀가 선택한 일이다. 평화는 강요되지 않으며, 그럴 수도 없다. 평화는 도덕적인 상황 안에서 무엇이 더 중요한지 선택하여 행하는 것이다. 우리는 선택할 수 있는 것들을 찾고 그것을 평가한다.

― 평화의 선택 ―

「실내」, 1908년, 빌헬름 함메르쇠이,
79×66cm, 캔버스에 유채, 오르후스 미술관, 오르후스

소 외

타인과 떨어져 있어서 감정적인 고통을 받을 염려가 없다 해도 평화를 안전하게 지킬 수 있는 것은 아니다. 캐럴 웨이트는 벽으로 둘러싸인 공간 안에서 외부 세계뿐만 아니라 서로로부터도 자기 자신을 지키며 가만히 침묵하고 있는 세 사람(삼대)의 모습을 「침묵」으로 그렸다. 그들 중 누구도 평화롭지 않다. 가족 간의 친밀감이라고는 전혀 없는 그들은 뻣뻣하고 차갑고 근심 어린 얼굴로 앉아 있거나 서 있다. 혼자 있으면 평화로워지는 것이 아니라 (평화가 깃든) 진실한 삶을 받아들이지 못하게 된다. 평화는 우리의 열망을 거부하지 않으며, 완전한 사람이 되고자 하는 열정적인 집념이기에 차갑지 않고 따뜻하다. 친구들에게 냉담히 등을 돌리고 풍요로운 인생을 살겠다는 환상은 버려야 한다.

소 외

「침묵」, 1965년, 캐럴 웨이트,
91.5×122cm, 판지에 유채, 왕립미술원, 런던

평화로의 여정

평화는 옳은 일을 사심 없이 행할 때 찾아온다. 성 게오르기오스에게는 두 가지 길이 있다. 용(탐욕과 잔인함)을 죽이느냐, 아니면 용의 만행을 묵과하느냐, 둘 중 하나이다. 그는 용을 없애기로 결심했고, 앨버트 허버트는 그림의 맨 아래에 그 일을 이루고 의기양양해하는 그의 모습을 보여준다. 고래에게 먹힌 요나는 별도리가 없다. 그가 할 수 있는 일은 고래의 배 속에 누워 있다가 탈출할 수 있는 길이 열릴 때까지 기다리는 것이다. 그것은 수동적인 기다림이 아니라, 왜 그런 일이 일어났는지, 그 상황을 어떻게 이용해야 하는지를 숙고하는 신중한 기다림이다. 맨 위의

「성 게오르기오스와 용, 고래 속의 요나, 그리고 교회당」,
1990~91년, 앨버트 허버트,
66×21.5cm, 나무에 유채, 개인 소장

교회당은 인간이 만들어놓은 한계에 갇힐 수 없다는 듯, 교회 지붕이 화판 너머로 잘려져 있다. 열려 있는 문으로 짙은 붉은색 내부가 보인다. 허버트는 우리가 두 명의 구경꾼들에 감정이입하도록 유도한다. 그들은 더없이 안전한 교회당 안으로 들어갈까? 이 그림에는 어떤 도덕적 판단도 내려져 있지 않고, 세 가지의 가능한 존재 방법이 이어져 있을 뿐이다. 평화는 이 세 부분 모두에 존재한다.

구속 救贖

수난에 맞선 그리스도만큼 강렬하고 고무적인 평화의 이미지는 없다. 그는 자신이 곧 가까운 친구에게 배신당하여 십자가에 못 박히는 끔찍한 죽음을 맞게 될 것임을 알았다. 뜻을 다 펼치지도 못하고 맞는 죽음이니 그 좌절감이란 엄청났을 것이다. 거부감 또한 들었을 것이다. 왜 하느님 아버지는 그를 지켜주시지 않았는가? 이 장면이 그려진 스테인드글라스가 감동적인 이유는, 유리를 지탱하는 두꺼운 납으로 안락함과 잠들어 있는 친구들에게서 예수를 떨어뜨려놓았기 때문이다. 그는 혼자이다. 예수는 슬픔과 공포로 번민했다지만, 그에 못지않게 깊디깊은 평화 속에 있었다. 그는 하느님의 뜻을 이해한 것이 아니라 믿었으며, 그 믿음 속에 죽었다. 평화는 비참한 심정을 몰아내주지는 않을지라도, 그리스도에게 그랬듯이 그 감정들로부터 우리를 구원한다.

· 「동산에서의 고뇌」, 1441년, 한스 아커,
104×62cm, 스테인드글라스, 베세러 예배당, 울름 대성당, 울름

구 속

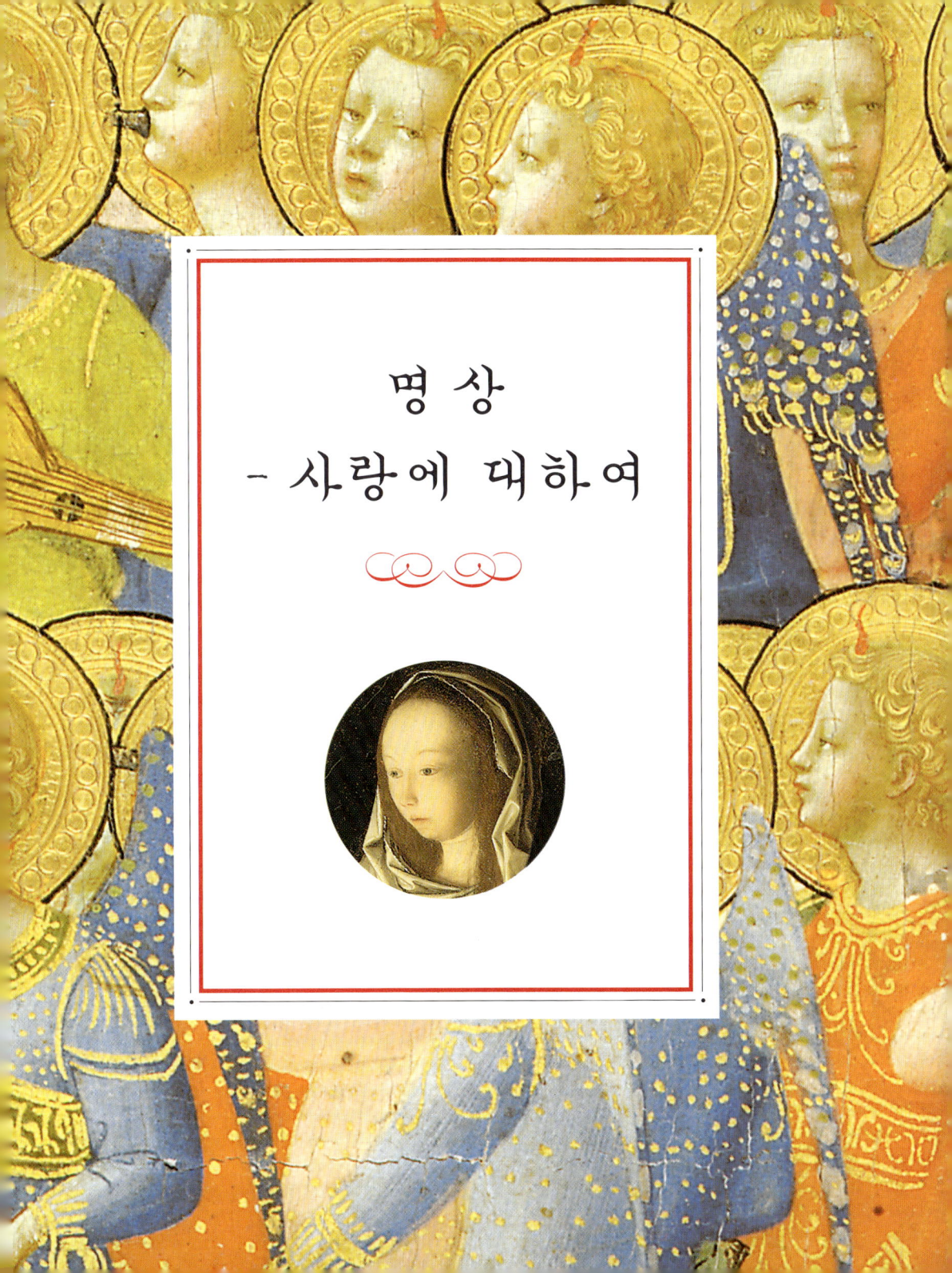

명상
– 사랑에 대하여

육 체 적 포 옹

사랑이 무엇인지 정확히 말하기는 쉽지 않다. 「입맞춤」은 사랑에 대해서 설명해 주는 완벽한 그림이다. 사랑이란 두 사람이 서로의 감정과 육체를 뜨겁게 감싸 안는 것이다. 클림트의 이 연인들은 격렬한 포옹으로 하나가 되었다. 이것이 사랑일까? 아니면 사랑의 겉모습일 뿐일까? 그들은 서로에게 사랑을 베풀고 있을까, 아니면 사랑이라는 이름으로 서로를 이용하고 있을까? 그들은 자신에게 육체가 꼭 필요하다고 생각할까, 아니면 육체를 그저 도구로 생각할까? 기다란 옷에 푹 싸인 이 두 형체는 포옹을 풀고 나서도 상대의 인격을 더욱 존경하게 될까? 육체적 포옹은 아주 소중하지만, 그 진짜 가치는 그것의 의미에 달려 있다.

육 체 적 포 옹

「입맞춤」, 1907~08년, 구스타프 클림트,
180×180cm, 캔버스에 유채, 오스트리아 미술관, 빈

애정 어린 경외

경외는 가장 깊은 존경의 형태이다. 그것은 상대를 자신의 가장 중요한 존재로 인정하고, 자신이 우주의 중심이 아님을 받아들이는 것이다. 렘브란트가 「유대인 신부」에서 아주 인상적으로 표현하고 있는 것은 바로 이러한 애정 어린 겸손함이다. 이 부부는 젊지도 않고 고전적인 미남 미녀도 아니지만, 두 사람의 표정은 지극히 심금을 울린다. 한눈에도 그들이 서로 사랑하고 있음을 알 수 있다. 그들은 서로 사랑을 주고받는다. 사랑은 더없이 아름답지만, 남자가 연인의 목에 걸어준 황금 사슬처럼 구속이기도 하다. 그들은 자발적으로 자신의 자유를 포기했다. 모든 것을 다 가질 수는 없다. 사랑한다면 포기할 줄도 알아야 한다. 그들은 서로의 눈을 들여다볼 필요도 없다. 그보다는 그들의 행복과 완전한 헌신의 의미를 묵상한다.

「유대인 신부」(부분), 1665~67년, 렘브란트 반 레인,
166.5×121.5cm, 캔버스에 유채, 국립미술관, 암스테르담

사랑의 선택

누군가를 좋아하는 것은 쉽다. 그것은 자연스레 일어나는 일이다. 하지만 사람을 본질적으로 바꾸어놓는 진정한 사랑을 이루기는 항상 어렵다. 사랑이 시작될 때나 그 후에나 그것은 선택의 문제이다. 어떤 단계에 이르면 사랑의 무게를 감당해야 한다. 라루스도티르의 연인들은 몽똑하고 매력 없는 보통 사람들이다. 남자는 단순히 꽃을 주고 있는 것이 아니다. 여자의 머뭇거림과 고집스럽게 시간을 알리는 대형 괘종시계는 남자가 주려는 것이 바로 그 자신임을 강조한다. 부러운 듯 그들을 바라보는 구경꾼들은 사랑의 경이로움과 고통에서 벗어나 있는 사람들이다. 내성적인 여자는 인간이 맺을 수 있는 가장 절대적인 관계를 시작할까? 남자는 거의 위협적인 태도로 여자에게 인생을 들이밀고 있다. 결정은 아직 나지 않았다. 남자는 운명을 걸었고, 여자는 아직 아니다.

사 랑 의 선 택

「여자에게 꽃을 주는 남자」, 1993년, 카롤리나 라루스도티르,
35×45cm, 캔버스에 유채, 개인 소장

평생의 약속

아르놀피니의 결혼식을 그린 이 그림은 정절貞節의 상징인 개에서부터 (그들은 자식을 두지 않았지만) 다산多産의 상징인 과일과 침대에 이르기까지 결혼의 상징들로 가득하다. 그림의 중앙에는 젊은 남자가 소녀를 자신의 아내로 맞아들이며, 그녀의 손 위에 자신의 손을 얹으려 하는 엄숙한 순간이 연출되고 있다. 버려진 신발과 밝게 타오르는 촛불은 이것이 신성한 의식임을 말해 준다. 두 사람은 떨리는 마음으로 서로를 의식하며 오로지 상대의 진지한 행동만을 응시한다. 그들은 서로 간의 절대적인 약속을 지키겠다고 결심하고 있다. 그들은 자신들의 행동이 의미하는 바를 잘 안다. 평생의 동반자라는 선물을 받아들이고, 그렇게 자신도 상대에게 주는 것이다.

「아르놀피니의 결혼」, 1434년, 얀 반 에이크,
82×60cm, 나무 패널에 유채, 국립미술관, 런던

평생의 약속

어머니의 사랑

사랑은 돌아오는 보람이 크기도 하지만 언제나 많은 노력이 필요하다. 이 두 가지 측면을 떨어뜨려 생각할 수 없다. 베르트 모리조의 그림에 등장하는 어머니는 그녀의 여동생인 에드마인데, 어린 딸을 바라보며 생각에 빠져 있다. 아이를 가진 부모는 절대 끊을 수 없는 관계에 대한 책임을 떠맡는다. 모리조가 보여주듯, 이 관계에서 어머니의 역할은 무엇이든 주는 것이다. 아직까지는 너무나 어린 아이에게서 아무것도 받을 수 없다. 어머니는 아이를 보호하고 소중히 기를 의무가 있으며, 그 일은 선선히 한다고 해도 분명 부담스러운 짐이다. 에드마는 자유롭지 못하다. 이제 그녀의 시간은 아이의 것이다. 그러나 그것은 사랑의 짐이고, 이 어머니는 그러한 구속에 만족하고 있는 듯 보인다.

「요람」, 1872년, 베르트 모리조,
56×46cm, 캔버스에 유채, 오르세 미술관, 파리

걸음마

나무에는 꽃이 활짝 피어 있고, 밭에는 온통 양배추가 심어져 있다. 그림 속 젊은 부모는 아이에게 걸음마를 가르치는 사랑의 수업에 한창 열심이다. 사랑은 본래 능동적이어서 상대가 무엇을 필요로 하는지 생각한다. 거칠고 강렬하게 표현된 반 고흐의 조야한 형상들은 부모의 헌신을 나타낸다. 삽과 손수레는 아무렇게나 팽개쳐둔 채, 부모는 아이에게 꼭 필요한 걸음마를 가르치는 데만 온통 신경을 쏟고 있다. 배경을 풍성하게 그린 것은 이 정경에 아주 적절하다. 아이는 사랑의 결실이며, 부모는 아이가 다 자랄 때까지 키워주어야 한다. 아이뿐만 아니라 훌쭉한 젊은 부부도 이러한 행위 속에서 하나가 되어 성숙한다. 아이는 걸음마를 배우는 것이 재미있는 모양이지만, 사랑은 "그래, 좋아"뿐만 아니라 "안 돼, 싫어"라고 말할 수도 있어야 한다. 상대를 위해서라면 사랑하지 않는 것처럼 굴어야 할 때도 있다.

걸음마

「첫 걸음마」(밀레 모작), 1890년, 빈센트 반 고흐,
72×91cm, 캔버스에 유채, 메트로폴리탄 미술관, 뉴욕

나비를 쫓아서

부모의 사랑은 어쩌면 가장 순수하면서도 가장 고통스러운 것인지도 모르겠다. 불행한 결혼을 한 게인즈버러는 두 딸을 '몰리 Molly'와 '선장 Captain'이라고 부르며 애지중지했다. 두 딸은 어머니의 정신적 결함을 물려받았고, 아버지는 평생 아이들 걱정에 시달렸다. 둘 중 누구도 행복하지 못했고, 애처롭게도 이는 딸들을 그린 많은 그림에 예견되어 있다. 사랑하는 이의 인생을 대신 살아줄 수 없음을 인정하고 그의 독립심을 길러주는 것 또한 사랑이다. 소중한 이가 결코 잡을 수 없을 나비를 쫓더라도 그냥 놔두어야 한다. 우리가 직접 행복의 나비를 잡아서 그에게 줄 수는 없다. 스스로 그 나비를 잡아야 한다. 어떤 이는 평생 그것을 잡지 못할 수도 있지만, 그것까지도 고통스럽게 이해하며 사랑해야 한다.

나비를 쫓아서

「나비를 쫓아서」, 1755~56년경, 토머스 게인즈버러,
114×105cm, 캔버스에 유채, 국립미술관, 런던

사랑의 시선

사랑은 언제나 존재한다. 사랑의 대상 또한 언제나 존재한다. 아름다움은 언제 어디서나 발견된다. 우리는 아름다운 것을 소유하려 들지 말고, 그것에 초연해지는 것이 미^{美}에 대한 존경임을 배워야

한다. 세상은 우리가 없어도 존재하며, 우리가 욕심을 부리지 않는다면 우리에게 호의적이다. 수르바란은 네 개의 물병을 일렬로 세워두고 햇빛을 받게 한다. 그는 경외하는 마음으로 물병의 소박한 우아함을 지켜보며, 그 형상들의 순수한 존재감과 그것들이 드리우는 그늘, 그 안료 위에 노니는 빛의 유희에 매혹된다. 그는 어떤 말도 하지 않는다. 그저 즐기고 감사할 따름이다. 수르바란이 자신에게 보이는 그 마법을 우리에게도 선명하게 보여주는 것은 경외감 때문이다. 사랑은 서로 통한다.

「정물」, 1635년, 프란시스코 데 수르바란,
46×84cm, 캔버스에 유채,
프라도 미술관, 마드리드

이별

아이·부모·동반자·친구에 대한 사랑이든, 장소·물건·동물에 대한 사랑이든, 모든 사랑은 죽음으로 인한 고통을 내재한다. 우리는 그 어떤 것도, 그 누구도 완전히 소유할 수는 없으며, 곁에 꽉 붙들어둘 수도 없다. 그것은 모두 선물이다. 살다 보면 이별과 그로 인한 고통을 겪게 마련이다. 사랑하지 않는 사람은 이러한 고통도 없으며, 죽은 자는 아무것도 느끼지 못한다. 우리는 사랑하는 만큼 숨 쉬고, 사랑이 깊을수록 이별의 아픔도 크게 느낀다. 알트도르퍼의 이별은 안녕을 고하는 순간을 너무나 담담하게 묘사한다. 그는 어떤 인물도 미화하지 않는다. 마리아는 엄청나게 큰 발을 들이밀며 막무가내로 시선을 끌려 한다. 그리스도와 사도들은 이제 막 희망의 세계로 나갈 참인데, 그의 어머니와 그녀의 친구들은 타락한 옛 환경에 갇힌 채 남아 있어야 한다. 그들의 태양이 지고 있는 것이다. 그리스도는 그것을 잘 알고 있기에 동정하면서도 단호하다. 떠나는 것이 그의 소명이므로 어머니가 아무리 슬퍼해도 그는 떠나야 한다. 사랑이 깊을수록 고통도 깊은 법이다.

이별

「어머니와 이별하는 그리스도」, 1520년경, 알브레히트 알트도르퍼,
141×111cm, 나무 패널에 유채, 국립미술관, 런던

후 회

사랑의 완벽한 승리자는 없다. 누구나 사랑에 실패하고, 무심코 배신을 하기도 한다. 사랑의 고통 중에서 가장 큰 고통은 아마도 실패한 사랑에 대해 죄의식을 느끼는 일일 것이다. 자기만 아는 이기적인 인생을 살다가 그리스도를 사랑하게 된 막달라 마리아는 그 후 평생 동안 마음 아파했다. 도나텔로는 노년의 막달라 마리아를 조각했는데, 가냘픈 목조 조각은 그녀의 오랜 참회를 보여주는 듯 깊이 주름져 있다. 그녀는 비애로 피골이 상접해 있지만, 곧 다가올 희망으로 여전히 아름답게 빛난다. 이는 모든 사랑이 체험하는 아름다운 광경, 즉 미숙했던 과거에 대한 회한이다.

「막달라 마리아」, 1453~55년, 도나텔로,
185cm, 나무에 금박과 채색, 오페라 델 두오모 미술관, 피렌체

조건부 사랑

사랑하는 사람들이 가장 많이 저지르는 실수는 진정한 자신을 숨기는 것이다. 자신의 진짜 모습을 보이면 거절당할까 봐 두려워서 더 나은 사람으로 보이고 싶어한다. 사랑하는 이에 대한 진정한 믿음으로, 자기 자신을 있는 그대로 드러내 보이려면 사랑의 진실을 굳게 믿어야 한다. 화사하게 차려입은 이 청년은 재미있는 몸짓을 하고 있는데, 새 한 마리가 갇힌 새장을 들고 있다. 사랑 앞에 진짜 자신을 숨기는 것은 새를 새장에만 안전하게 가두어두는 것과 같다. 새장을 열라. 그러면 새는 진정한 삶을 살 수 있을 것이다.

「첼시 자기」, 1759년,
18.5cm, 자기, 개인 소장

무조건적인 믿음

믿지 않고서는 사랑할 수 없지만, 그 믿음은 지혜로운 것이어야 한다. 속담과는 달리, 사랑은 맹목적인 것이 아니어서, 자기가 잘 모르는 사람까지 진심으로 사랑할 수는 없다. 아브라함과 그의 유일한 아들 이삭의 이야기는 언제 들어도 섬뜩하다. 아브라함은 자신의 아들을 제물로 바치는 것이 신의 뜻이라 믿었고, 마지막 순간에 겨우 그 끔찍한 행위를 그만두었다. 나에게는 이 이야기가 다음과 같은 의미로 다가왔다. 신은 우리에게 악한 일을 하도록 요구하지 않으며 아브라함은 이 사실을 알았음에 틀림없다는 것이다. 여기에는 타인과 신을 앎으로써 이루어진 두 가지 거대한 믿음의 행위가 있다. 아브라함은 그런 비참한 일이 결코 일어나지 않으리라는 무조건적인 믿음으로 그 일을 감행했을 것이다. 꽁꽁 묶인 채 제단 위에 눕혀진 이삭도 아버지가 자신을 해치지 않으리라 믿었기에 순순히 따랐다. 아브라함이 신을 온전히 알지 못했다면, 이삭이 아버지를 온전히 알지 못했다면, 그렇게 무모한 신뢰는 불가능했을 것이다. 사랑은 우리가 참된 판단을 내리고, 어떤 상황에서도 그 판단을 고수해야 한다고 역설한다.

무조건적인 믿음

「아브라함의 제물」, 1994년, 앨버트 허버트,
20×20.5cm, 함석에 유채, 개인 소장

강박관념

어긋난 사랑도 있다. 우리는 엉뚱한 곳에 마음을 주기도 한다. 나르키소스는 자기 자신과 사랑에 빠졌다. 곧 죽음에 이를 정도로 수척해진 그는 불가능한 것을 갈망하고 있다. 그는 물에 비친 자신의 모습을 유혹한다. 에코는 그가 자기 자신 외에는 어느 누구에게도 눈길을 주지 않는다는 사실을 알면서도 그를 사랑한다. 에코는 산들바람에 실린 목소리로 사라져가고, 나르키소스는 꽃이 된다. 푸생의 그림에서, 이미 형체를 잃어가고 있는 에코는 현실을 받아들일 의지도 능력도 없다. 아름다운 나르키소스는 물에 비친 자신을 동경하며 눈에 띄게 힘을 잃어가고 있다. 푸생은 자신의 어떤 생각도 내비치지 않았지만, 둘 모두를 수동적으로 그렸다. 진실한 사랑(횃불을 들고 있는 큐피드)은 유감스러운 듯 뒤에서 서성이고 있다. 사랑은 본래 활기차고 능동적인 것이다.

강박관념

「에코와 나르키소스」, 1628~30년경, 니콜라 푸생,
74×100cm, 캔버스에 유채, 루브르 박물관, 파리

동굴 너머에

아서 보이드는 당대 오스트레일리아의 풍경을 배경으로 나르키소스 신화를 그렸다. 그러나 그 풍경은 모래와 바다가 있고 멀리 관목 덤불이 보이는 미지의 곳, 즉 원형적인 풍경일 것이다. 나르키소스는 자기 마음의 동굴에 갇혀 있다. 보이드는 그 신화를 자기 인식에 대한 열정으로 재해석한다. 나르키소스는 이기적인 자아를 추구하는 것이 아니라, 아주 특별하고 몰두할 만한 가치가 있는 어떤 것, 즉 자아의 통찰을 추구하고 있는 것처럼 보인다. 그러나 오렌지나무는 동굴 밖에서 꽃을 피운다. 사랑하려면 욕심이 없어야 한다. 나르키소스는 뜨거운 욕망에 들떠 몸을 웅크린 채 물웅덩이를 손으로 휘젓고 있다. 심지어 그는 인간성까지 잃은 듯한데, 물에 비친 꼬리를 보면 그가 꼭 야수처럼 보인다. 동기가 무엇이든, 사랑은 자기 안에 갇혀 있지 않고 자기 밖으로 뻗어 나가야 한다. 세상에는 사랑할 것투성이지만, 그것을 찾으려면 자기 밖으로 나가는 모험을 감행해야 한다.

「동굴, 나르키소스, 그리고 오렌지나무」, 1976년, 아서 보이드,
152×122cm, 판지에 유채, 새빌 미술관, 시드니

동굴 너머에

요새

아무리 위태롭더라도 사랑 그 자체는 분명 축복이다. 사랑한다는 것은 속 좁은 자아를 떨쳐버리고, 다른 누군가를 자기보다 먼저 생각하는 것이다. 그 사랑 안에서 우리는 결코 어긋날 수 없다. 켄 키프가 보여주는 세상은 아주 황량하다. 하늘은 칠흑같이 어둡고, 달인지 태양인지도 흐릿한 공 모양으로 떠 있다. 빛이 전혀 없는 곳에서 해초처럼 뻣뻣하게

시든 나무 한 그루가 있고, 그 옆에는 바위 하나가 어슴푸레 보인다. 이 메마른 세상에서 꽃 한 송이가 잎들을 위로 들어 올리며 기쁨의 몸짓을 취하고 있다. 꽃잎들은 유쾌한 생명력으로 빛나고, 그곳의 다른 모든 것이 죽어 있어도 이 작은 꽃만은 즐겁고 화사하게 살아 있다. 사랑은 없어지지 않는다. 어두운 하늘도, 죽어가는 나무도 그 안의 빛을 끄지 못한다.

「꽃과 어두운 하늘」, 1987~88년, 켄 키프, 18×44cm, 수채화, 말버러 파인 아트 사, 런던

자신을 잊기

사랑하면서 욕심을 부리지 않기란 아주 어려운 일이다. 우리는 그렇게 욕심 부리지 않기를 열망한다. 사랑하는 이보다 자신의 욕구를 우선으로 생각하는 순간, 사랑하는 이를 이용하는 순간, 사랑은 끝나 버리기 때문이다. 이기적으로 사랑하는 이를 이용하고, 그것을 후회하고 이겨내고 다시 시작하는 것, 이것이 인생이다. 사랑하는 이의 죽음은 너무나 큰 시련이다. 우리는 부지불식간에 버려지는 것이다. 그런 힘든 시간에 상대에게 완전히 집중하기란 너무 어렵다. 그런 의미에서, 모네의 이 그림은 특히 더 눈에 띈다. 아내인 카미유가 일찍 죽는 바람에 모네는 반려자를 잃었을 뿐만 아니라 혼자 아이들을 책임져야 했다. 모네는 그 상황을 객관화함으로써 고통을 피해보려 하고 있지만, 그것은 이타적으로 훌륭하게 행동한 것이다. 그는 자신을 잊고 아내의 얼굴에 희미하게 비치는 아주 작은 빛이라도 잡으려 애쓴다. 이렇듯 자신을 잊는 것이야말로 진정한 헌신이다.

「임종을 맞은 카미유」, 1879년, 클로드 모네,
90×68cm, 캔버스에 유채, 오르세 미술관, 파리

완 전 한 사 랑

완전한 사랑은 아무것도 요구하지 않으며 다른 어떤 것도 구하려 하지 않는다. 이 기이하고 아름다운 그리스도와 성 요한의 조각 작품은 사랑에 옳고 그름은 없다고 말한다. 사랑한다면 상대의 행복이 가장 중요하기 때문이다.

「그리스도의 품에 기댄 성 요한」, 14세기 초, 콘스탄츠의 마스터 하인리히, 141cm, 나무, 마이어 반 덴 베르그 박물관, 안트웨르펜

완전한 사랑

사랑의 상징

사랑이란 글로 씌어지기 위한 것이 아니라 행동으로 행해지기 위한 것이다. 하워드 호지킨은 진짜 과일을 그리려 한 것이 아니라, 그러한 기쁨을 준 사물을 떠올리고 찬미하려 했다. 이 작은 그림에는 짙은 붉은색 테두리가 여러 겹 칠해져 있지만, 기억에서 불러낸 과일은 그 한계를 벗어나 선명함과 화려함으로 보는 이를 압도한다. 호지킨은 강렬한 기억을 테마로 삼아, 그것을 음미하는 일에 푹 빠져 있다. 이 그림은 사랑이란 무엇인가를 보여주는 완벽한 상징이다.

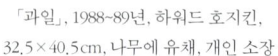

「과일」, 1988~89년, 하워드 호지킨, 32.5×40.5cm, 나무에 유채, 개인 소장

사 랑 의 상 징

명 상
– 기쁨에 대하여

기쁨의 본질

항상 기쁠 수는 없다. 사람들은 대부분 기분 좋게 지내지만, 그 기분이 아무리 흡족해도 암흑 같은 마음에 갑작스레 비쳐드는 한 줄기 기쁨과는 다르다. 엘 그레코의 「톨레도의 풍경」에 치는 번개처럼, 기쁨은 우리의 마음속 풍경을 밝게 비추고 그 모습을 바꾸어놓는다. 세상도 불가사의하고 진기하게 변한다.

기쁨의 본질

「톨레도의 풍경」, 1600년, 엘 그레코,
121.5×108.5cm, 캔버스에 유채, 메트로폴리탄 미술관, 뉴욕

기쁨의 선택

루벤스는 누가 뭐라 해도 행복을 그린 화가이다. 마냥 햇살만 가득한 행복은 소중하긴 하지만, 그러나 그것을 기쁨이라고 할 수는 없다. 기쁨은 더 심원하고 더 엄숙하다. 기쁨을 자기 마음대로 통제할 수는 없지만, 우리는 기쁨을 선택하고 행복(평화의 또다른 이름)해지기 위해 온 힘을 쏟는다. 루벤스는 긍정적인 것들을 좋아했다. 희망을 상징하는 무지개(그 자체로도 무척 아름답다), 빛으로 반짝거리는 풍요로운 목초지, 온순한 소들, 그리고 비옥한 주위 환경. 그러나 그림에는 어둠도 드리워져 있다. 볕이 들지 않는 숲이 지척에 있는 것이다. 루벤스는 좋은 것들을 강조하기로 선택했다. 하지만 그 선택의 여부와 상관없이, 기쁨은 우리를 압도하고 우리를 가득 채운다.

「무지개 풍경」, 1636년경, 페테르 파울 루벤스, 136.5×236.5cm, 나무 패널에 유채, 월리스 컬렉션, 런던

찰나의 즐거움

기쁨과 마찬가지로, 즐거움도 (아무리 즐거워지고 싶어도) 어느 순간 뜻밖에 찾아오지만, 본질적으로 기쁨과 같지는 않다. 보나르의 근사한 「식탁」은 순수한 즐거움을 묘사하고 있다. 그는 모든 요소, 특히 찬란한 빛에 애정을 갖고 그것을 마음껏 누렸다. 그러나 너무 세속적이어서 기쁨을 표현한 그림이 될 수는 없다. 음식, 와인, 햇살, 사랑하는 여인을 심미적으로 찬미하는 순간의 단편일 뿐이다. 그것은 일시적이지만, 이러한 덧없음이 즐거움을 더해준다. 그러나 기쁨은 그 느낌만으로도 지속된다.

「식탁」, 1925년, 피에르 보나르,
103×74cm, 캔버스에 유채, 테이트 미술관, 런던

찰나의 즐거움

아기의 기쁨

사랑과 보호 속에서 삶의 고달픔이라고는 전연 모르는 아기는 반성 없는 기쁨을 체험한다. 어느 미국 화가는 펜실베이니아에서 이 아기를 보고, 연약해서 갇혀 지내야 하지만 사랑을 완전히 믿는 아이로 그렸다. 은은한 미소, 살며시 포갠 두 손, 커다란 베개에 포근히 기댄 머리……. 이 모든 것은 절대적인 믿음에서 우러나오는 기쁨의 징표이다.

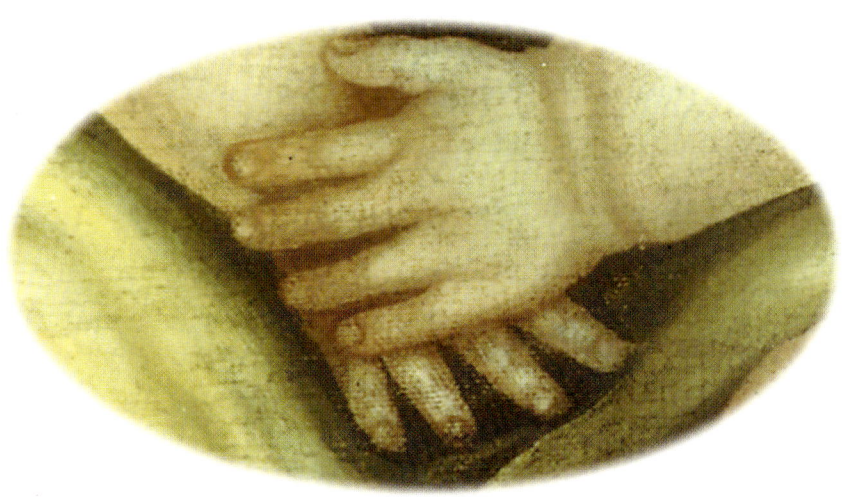

「붉은 의자에 앉아 있는 아기」, 1810~30년경, 작자 미상,
56×38cm, 캔버스에 유채, 애비 올드리치 록펠러 포크 아트 센터
콜로니얼 윌리엄스버그 재단, 버지니아

아기의 기쁨

기쁨을 끌어안고

기쁨을 이길 자는 없다. 마거릿 니브의 소녀는 보드라운 실바람에 몸을 맡긴 채 달빛 속에서 춤을 추고, 커다란 달은 잔잔한 바다 위에 앉아 있다. 순수한 기쁨으로 들뜬 소녀는 마치 둥둥 떠오르는 것처럼 두 팔을 활짝 벌리고 있다. 반가이 두 팔을 한껏 벌리는, 이러한 포옹의 몸짓이 그 경험의 특징을 단적으로 보여준다. 기쁨은 언제나 지극히 '옳은' 것, '당연한' 것으로 느껴진다. 슬픔에 잠겨 있을 때 고통스러운 이유는 그렇게 괴로워하지 말아야 한다는 기분에 휩싸이기 때문이다. 고통은 우리의 본질과 근본적으로 맞지 않지만, 누구나 빈번히 고통을 겪는다. 그러나 우리는 인간의 기본 진리로는 고통을 받아들이지 않는 반면, 기쁨은 우리의 실체에 꼭 필요한 것으로 기꺼이 맞아들인다.

「달빛 속에서」, 1994년, 마거릿 니브,
23×28cm, 나무 패널에 유채, 개인 소장

영 감

어떤 특정한 이유나 동기로 기쁨을 느끼는 것은 아니다. 화려한 사물을 볼 때처럼 초라한 사물을 보고서 기쁨이 일 때도 있다. 르동은 이 바닷조개를 보고 우주 만물의 이치를 깨달았던 것일까. 빛도 없고 찾아줄 이도 없는 바다 깊은 곳에서, 조가비는 기이한 아름다움으로 빛난다. 르동은 상상 속에서 그 조가비를 봤을지도 모른다. 하지만 그렇게 사물을 보는 방식은 사실보다는 진리를 드러내는 데 효과적이다. 이 신비롭고 아름다운 자연의 솜씨는 기쁨이 어디에나 존재함을 알려준다.

「조가비」, 1912년, 오딜롱 르동, 51×58cm, 파스텔, 오르세 미술관, 파리

영감

구 원

삶의 의미를 드러내기에 더할 나위 없어 보이는 기쁨은 순수한 은혜로도 찾아온다. 기쁨은 쟁취하거나 비축해 둘 수 있는 것이 아니다. 다 파브리아노의 성 니콜라우스는 절망에 빠진 선원들에게 단숨에 내려가고 있는데, 선원들 대부분은 아직 그를 보지 못했다. 돛이 찢어지고, 선원들은 뱃짐을 바다로 정신없이 내버린다. 그들은 자기들이 곧 기적적으

「폭풍우로부터 배를 구하는 성 니콜라우스」, 1425년, 젠틸레 다 파브리아노, 30×62cm, 나무 패널에 템페라, 바티칸 박물관, 바티칸

구 원

로 구원받으리라는 사실을 모르고 있다. 절망과 공포가 구원의 기적으로 바뀌는 기쁨 직전의 순간이다. 그것은 뜻밖의 은혜이다. 기쁨은 느닷없이 의기양양한 모습으로 찾아온다. 기쁨 안에서 우리는 안전하다. 그리고 기쁨의 존재를 기억하는 한, 우리는 살면서 어떤 고난에 부닥쳐도 극복할 수 있다.

환 상

기쁨을 체험하고 나면 자유를 느낀다. 열려 있는 창문 너머로, 우리 마음대로 가질 순 없지만, 순수한 기쁨을 느끼고 난 후에야 알게 되는 존재들의 환상적인 광경이 보인다. 우리는 지금은 실내에 머물러 있어야 하지만, 아직 창문이 열려 있다. 라울 뒤피의 창문 두 개는 머나먼 세상의 풍요로움과 빛나는 가능성의 실재를 보여준다. 이 그림에서처럼 우리가 있는 공간이 어수선하고 답답할지라도, 기쁨을 체험한 후에는 그곳이 더 이상 우리를 구속하는 공간으로 느껴지지 않는다. 우리는 언뜻 우리를 자유롭게 해주는 힘을 보았다. 우리가 한계를 뛰어넘어 자유를 향해 나아가는 데에 걸림돌이 될 것은 아무것도 없다.

환 상

「창문이 열려 있는 실내」, 1928년, 라울 뒤피,
66×82cm, 캔버스에 유채, 다니엘 말랭그 미술관, 파리

시간에 빠져

행복한 자유를 얻으려면 시간의 흐름, 즉 무자비하게 다가오는 내일과 죽음에 너무 신경 써서는 안 된다. 르누아르의 「건지 섬 해변의 아이들」의 기쁨은 그들의 체험이 초시간적이라는 데에서 비롯된다. 부드러운 색채의 파스텔 톤 배경에는 물놀이하는 사람들이 흐릿하게 보이고, 아이들은 그들을 이루는 색채 속으로 반쯤 녹아 들어가 있다. 이것은 현실 세계가 아니다. 그들은 햇빛으로 가득한 한가로운 때를 즐길 뿐이다. 먼 훗날, 이 해변에 놀러간 기억은 현실감 있게 다가오지는 않더라도 기쁨으로 떠올려질 것이다.

「건지 섬 해변의 아이들」, 1883년(?), 오귀스트 르누아르,
91.5×66.5cm, 캔버스에 유채, 보스턴 미술관, 보스턴

시간에 빠져

황홀경

짧은 순간이라도 황홀경은 기쁨과 함께한다. 그 두 가지가 완전히 똑같지는 않다. 황홀경에서는 기쁨과 함께 날카로운 고통도 느낀다. 기쁨은 어느 정도 황홀경의 성질을 띠고 있는데, 기쁨의 손길이 우리에게 닿는 순간, 우리는 자아의 경계 밖으로 튕겨져 나간다. 성녀 테레사의 얼굴에는 견딜 수 없을 정도로 강렬한 법열法悅의 이중적 성격이 고스란히 드러나 있어서, 우리는 차라리 천사의 얼굴을 보고 만다. 무욕無慾의 기쁨이 어려 있는 천사의 얼굴은 궁금증이 가득한 듯한 표정으로 밝게 빛난다. 그는 성녀 테레사가 경험하는 엑스터시의 도구에 지나지 않는다. 그는 자기의 몫이 아니어서 성녀 테레사의 신성한 정교情交에 끼어들지는 못하지만, 그녀의 엑스터시가 주는 황홀감을 믿으며 행복에 빠져 기쁘게 그녀를 지켜보고 있다.

「성녀 테레사의 엑스터시」, 1645~52년, 조반니 로렌초 베르니니, 350cm, 대리석, 산타 마리아 델라 비토리아, 로마

황홀경

기쁨의 샘

거장 마티스는 청년 시절을 아주 힘들게 보낸 터라, 그런 그가 목욕하는 세 여성들을 그린 세잔의 작은 그림을 사려고 아내의 결혼 지참금을 쓰는 것은 미친 짓으로 보였을 것이다. 그러나 마티스는 실의에 빠질 때마다 부적과 같은 이 작은 그림을 보고 희망을 얻었다. 그 그림은 그에

게 기쁨의 샘이었다. 그가 자신감을 잃을 때마다, 잃어버린 자신감을 새로이 되찾아주었다. 「목욕하는 사람들」은 찬찬히 들여다볼수록 더 큰 힘을 발휘하는 신비로운 작품이다. 세잔은 여자들을 그림으로써 그의 여성 공포증을 떨쳐버렸다. 여기에 그가 그린 여성들은 뚱뚱하고 매력이 없는데다가 상처 입기도 쉬워 보인다. 그들은 비스듬히 뻗어 있는 나무줄기 두 개 사이에, 즉 그림의 중앙에 갇힌 채, 유난히 꼴사나운 모습으로 감미로운 햇살을 받으며 꼼짝 않고 있다. 세잔은 자신이 지배할 수 없는 것들을 예술로써 지배할 수 있었고, 그러한 천진난만한 권력 감각 덕분에 「목욕하는 사람들」은 아주 만족스러운 수준에 이를 수 있었다. 세잔은 실제로 경험하지 않고도 상상 속에서 기쁨을 그렸고, 그 기쁨은 마티스에게 전염되었다. 그런 일이 우리에게 일어나지 말라는 법도 없다.

「목욕하는 사람들」, 1879~82년경, 폴 세잔,
55×52cm, 캔버스에 유채, 프티 팔레 미술관, 파리

승리의 기쁨

많은 사람들에게 인생은 투쟁이다. 최악의 경우에는 생존을 위한 투쟁이요, 최선의 경우에는 완벽하게 진실하려는 투쟁이다. 본질적으로 기쁨은 승리를 찬미한다. 그러나 그 승리는 다른 이나 세상을 상대로 거둔 승리를 말하는 것이 아니다. 기쁨은 적개심을 신경 쓰지 않는다. 기쁨은 패배감마저도 불식시킨다. 기쁨으로 가득한 순간, 그리고 그 후 기억 속에서 영원히, 우리는 투쟁을 초월하여 승리를 거둔다. 기쁨은 승리를 확신시키고, 우리가 승리감을 미리 맛볼 수 있게 해준다. 플래너건의 기쁨에 한껏 들뜬 토끼 「고수鼓手」는 익살스러우면서도 적절하게 이러한 승리를 상징적으로 보여준다.

「고수」, 1989~90년, 배리 플래너건,
244cm, 청동, 요크서 조각 공원, 영국

마음의 만족

이 고운 자기磁器 춤꾼은 어떤 관중도 의식하지 않는다. 그녀는 마음의 만족을 꿈꾸며 혼자 즐겁게 춤을 춘다. 이렇게 자기 마음 말고는 모든 것을 잊는 달콤한 망각은 이 조각이 표현하고 있는 기쁨의 형태이다. 아무것도 우리에게 기쁨을 장담해 주거나 강요할 수 없다. 하지만 음악은 많은 사람들을 기쁘게 해준다. 그녀는 자신의 의지대로 황홀경에 빠져 움직인다.

「양 치는 여인」, 18세기, 마이센 자기,
17.75cm, 자기, 개인 소장

기쁨 속의 자신감

기쁨은 거룩한 경험이어서, 우리는 기쁠 때 불현듯 영원을 깨닫는다. 아무것도 두렵지 않으며 모든 존재의 근본이 사랑임을 깨닫게 된다. 「사냥의 여신 디아나」처럼, 우리는 아침 햇살 속을 얌전히 활보한다. 보드라운 풀과 꽃들을 밟으니 신발을 신을 필요가 없다. 옷도 입을 필요 없다. 기쁨이 이끄는 세상에서는 아무것도 숨길 필요가 없다. 벌거벗은 채 부끄럼 없이 다녀도 그 모습 그대로 받아들여진다. 기쁨 밖에서 자신을 숨김없이 드러내려면 타인에 대한 큰 신뢰가 필요하지만, 기쁨 안에서는 거치적거리는 것이 없으므로 힘차게 앞으로 나아가기만 하면 된다. 개(인간의 동물적 본성)는 처녀성을 간직하고 있는 여신(인간의 정신) 옆에서 순하게 뛰어오른다. 디아나는 자기가 어디로 가고 있는지 보지 않아도 된다. 기쁨 속에서 실수란 없는 법이니까.

「사냥의 여신 디아나」, 1550년경, 퐁텐블로 파,
132×191cm, 캔버스에 유채, 루브르 박물관, 파리

기쁨 속의 자신감

빛나는 진리

그림의 제목이야 어떻든, 크레이기 에이치슨의 그림은 진짜 그릇에 담긴 진짜 포도를 그린 것이 아님이 분명하다. 더할 나위 없이 눈부시도록 밝은 색채는 이 그림이 화가의 세상임을 확인시켜 준다. 화가의 세상에서는 동그란 포도가 선명한 진홍빛 배경 위에 살짝 떠 있고, 두 가지 빛깔로 칠해진 나비가 중앙에서 절묘하게 맴돈다. 이 그림은 매우 밝고

「포도가 담긴 분홍 그릇」, 1992년, 크레이기 에이치슨,
30.5×35.5cm, 캔버스에 유채, 토머스 기브슨 파인 아트 사, 런던

확실하게 그려져 있어서 완전한 기쁨이라는 진짜 주제를 숨기고 있는 것처럼 보인다. 기쁨은 절대적인 모습으로 나타난다. 흐릿한 갈색이 맨 아래 바닥에 깔려 있지만, 그것은 밝은 빛깔에 단단히 묶여 있다. 기쁨에 완전히 사로잡힌 후에야 우리는 그것이 진실임을 몸으로 알게 된다.

경험을 넘어서서

'기쁨을 경험한다'는 말은 달리 표현할 길이 없다 하더라도 부적절하며 어폐가 있다. 기쁨은 체험이 불가능할 정도로 심오하다. 그것은 우리의 능력으로 어찌할 수 있는 것이 아니므로 소유할 수도 없다. 우리는 광대한 기쁨 속으로 끌려 들어가 그 자체가 아닌 그 찌꺼기를 경험한다. 그것은 아름다운 광경이 사라진 후의 감응과 같은 감정인 것이다. 이러한 점을 이야기하는 모네의 「흰 클레마티스」는 화폭에 담아내기에는 너무나 큰 광경의 인상만을 전한다. 한가운데에 노란빛이 엷게 가물거리는 강렬한 순백이 화가의 화폭 너머로 넘쳐난다. 아무리 큰 화폭이라도 보이는 것을 모두 담아낼 수는 없다. 정확히 말해서, 이 그림은 환영幻影을 그렸다. 우리가 인식하는 것은 그림 자체가 아니라 그림이 상기시키는 그 무엇이다.

「흰 클레마티스」, 1887년, 클로드 모네,
92×52cm, 캔버스에 유채, 마르모탕 미술관, 파리

행복의 왕국

제각기 다른 추상 미술을 일반화하는 것은 무의미한 짓이다. 그러나 일관적으로 재현되는 경향이 하나 있는데, 바로 순수한 희열을 그린다는 점이다. 햄블턴의 「상승」은, 너무 커서 화폭에 채 담지도 못했는데 빛이 비쳐들어 두 조각으로 갈라진 원의 모습을 보여준다. 화려하게 채색된 그 원을 무자비하게 갈라놓은 빛은, 약간은 밝고 약간은 흐릿하게 기묘한 얼룩이 진 흰색 직사각형으로 표현되어 있다. 직사각형은 위로 솟아오르다가 화폭이 끝나는 지점에서 갑작스레 끊겨버린다. 그래도 그 상승은 우리가 기쁨을 느낄 때 잠시 들어가게 되는 현실 세계 '저편에서' 계속된다.

행복의 왕국

「상승」, 1987년, 메리 햄블턴,
38×45.5cm, 캔버스에 유채, 파멜라 오친클로스 미술관, 뉴욕

기쁨과 기도

기쁨은 우리가 기도를 통해 이를 수 있는 현실을 실제로 느끼게 해준다. 우리는 기쁨 속에서 진리를 보며, 기도 속에서 그 진리를 받아들인다. 기쁨과 기도는 진리의 두 가지 모습이다. 기도를 할 때는 행동으로 믿음과 충성을 나타낼 필요가 있지만, 기쁨을 느낄 때는 어떤 행위도 필요하지 않다. 기쁨은 진리에 이르는 지름길이지만, 기도와 마찬가지로 중요한 것은 그 진리를 삶에 어떻게 적용시키느냐이다. 보르고뇨네의 성인은 지금껏 평생 믿어온 것을 직접 보고 있다. 믿음에 기쁨이라는 자극이 필요한 사람은 정신적으로 나약한 사람이다. 성인들은 기쁨의 기적을 느끼지 않고도 기쁨이 충만한 삶을 살아간다.

「성인의 승천」을 위한 습작, 1675~79년, 보르고뇨네, 42×27.5cm, 종이에 분필, 뒤셀도르프 미술관, 뒤셀도르프

기쁨과 기도

삶을 긍정하는 기쁨

클레는 비교적 젊은 나이에 몸이 쇠약해져서 서서히 죽어갔다. 그러한 시한부 인생으로 인해 그의 화풍은 변했다. 「죽음과 불」은 그의 후기 작품들 중 하나로, 죽음을 뜻하는 독일어인 'Tod'가 해골의 이목구비를 이룬다(그것은 그림에서 여러 번 반복된다). 불길한 태양은 숙명의 거대한 공처럼 지평선에 낮게 앉아 있고, 죽음은 그 태양을 섬뜩한 전리품처럼 높이 떠받치고 있다. 가까이 다가오고 있는 사람은 그 본질만 남겨져 있다. 그는 무덤을 향해 꾸준히 걸어가는 인간일까? 이 모든 것이 음울해 보이지만, 그림은 삶을 확신하는 색채로 벌겋게 타오른다. 죽음의 머리는 황금빛·초록빛·자줏빛 배경 속에서 강렬하게 빛나는 형체로 시뻘건 불을 이고 있다. 죽음은 불과 같은 정화 장치로 완성을 이루는 수단이라고, 클레는 진중하게 선언한다. 그는 가장 끔찍한 것을 가장 아름답게 보여주고 있다. 기쁨의 진짜 힘은 모든 슬픔 아래에 있는 가장 근본적인 실재가 바로 기쁨임을 확신시켜 주는 것이다.

삶을 긍정하는 기쁨

「죽음과 불」, 1940년, 파울 클레,
46×44cm, 삼베에 유채, 베른 미술관, 베른

찾아보기

ㄱ

가쓰시카 호쿠사이 62~63
「거대한 파도」 62~63
「건지 섬 해변의 아이들」 135
게인즈버러, 토머스 94~95
「고수(鼓手)」 140
고흐, 빈센트 반 92~93
「공현」 17
「과일」 114~115
그레코, 엘 118~119
그리스도 78, 98, 100, 112
「그리스도의 품에 기댄 성 요한」 113
「꽃과 어두운 하늘」 108~109

ㄴ

나르키소스 104, 106
「나비를 쫓아서」 94~95
냇킨, 로버트 16~17
니브, 마거릿 126~127

ㄷ

「달빛 속에서」 127
도나텔로 100
「동굴, 나르키소스, 그리고 오렌지나무」 107
「동산에서의 고뇌」 79

「두 사람의 머리」(「할례」의 부분) 57
뒤피, 라울 132~133
디아나 142

ㄹ

라루스도티르, 카롤리나 86~87
라이트, 퍼트리샤 12~13
라파엘로 18~19, 52~53
「램래시 만에서 바라본 홀리 섬」 27
렘브란트 반 레인 8~9, 84~85
루벤스, 페테르 파울 120~121
르누아르, 오귀스트 134~135
르동, 오딜롱 128~129

ㅁ

마네, 에두아르 40~41
「마르코 복음서」 58
마이센 자기 141
마티스, 앙리 138~139
막달라 마리아 22, 100
「막달라 마리아」 100
모네, 카미유 110
모네, 클로드 110~111, 146~147
모리조, 베르트 90~91
「목욕하는 사람들」 138

몬드리안, 피에트 32~33
「무제H30」 24~25
「무지개 풍경」 120~121
「문」 13
「물주전자를 든 젊은 여인」 15
미국의 무명 화가 124~125
「밀밭」 47

ㅂ

「바닷가의 집 Ⅱ」 71
「바리의 성 니콜라우스」
　(「안시데이의 성모 마리아」의 부분) 53
바벨탑 38
「바벨탑」 38~39
베르니니, 조반니 로렌초 136~137
베르메르, 얀 14~15
벨리니, 조반니 50~51
보나르, 피에르 122~123
보르고뇨네 150~151
보이드, 아서 106~107
보티첼리, 산드로 36~37, 54~55
「불교식 용마루 도기」 43
「불굴의 정신」 37
「붉은 의자에 앉아 있는 아기」 124~125
「브렘 강」 28~29
브뢰헬, 피테르 38~39

ㅅ

「사냥의 여신 디아나」 143
「사랑하는 이를 기다리며」 42
「상승」 149

「생강 단지가 있는 정물 11」 32~33
성 게오르기오스 76
「성 게오르기오스와 용, 고래 속의 요나, 그리고
　교회당」 76~77
성녀 카타리나 18
성녀 테레사 136
「성녀 테레사의 엑스터시」 137
성 니콜라우스 52, 130
성 막달라 마리아 10
「성 막달라 마리아」 11
성모 마리아 54, 98
성 요한 112
「성인의 승천」을 위한 습작 151
「세 개의 회색」 35
세잔, 폴 138~139
솔터, 레베카 24~25
수르바란, 프란시스코 데 96~97
「수태고지」(보티첼리) 54~55
「수태고지」(크리벨리, 부분) 67
스턴, 피아 70~71
시뇨렐리, 루카 56~57
「식탁」 123
「실내」 73

ㅇ

아라한 43
「아르놀피니의 결혼」 89
「아메데 다비드, 파스토레 후작」 69
아브라함 102
「아브라함의 제물」 103
아빌라의 성 테레사 18

아커, 한스 78~79
아틀라스 50
「알레고리:부정(不定)」 51
알렉산더 대왕 30
「알렉산드리아의 성녀 카타리나」(부분) 19
알트도르퍼, 알브레히트 30~31, 98~99
앵그르, 장 오귀스트 도미니크 68~69
「양 치는 여인」 141
「어머니와 이별하는 그리스도」 99
에이치슨, 크레이기 26~27, 144~145
에이크, 얀 반 88~89
에코 104
「에코와 나르키소스」 104~105
「여왕의 집, 그리니치 Ⅱ」 21
「여자에게 꽃을 주는 남자」 86~87
와토, 장 앙투안 64~65
요나 76
「요람」 91
웨이덴, 로히르 반 데르 22~23
웨이트, 캐럴 74~75
「유대인 신부」(부분) 85
유코 시라이시 34~35
이삭 102
「이상적인 도시의 정경」 48~49
이수스 전투 30
「이수스 전투」(부분) 31
인도 세밀화 42
「임종을 맞은 카미유」 111
「입맞춤」 83

ㅈ

「정물」 96~97
「조가비」 128~129
존슨, 벤 20~21
「죽음과 불」 153
「질」 65

ㅊ

「창문이 열려 있는 실내」 132~133
「책을 읽는 막달라 마리아」(부분) 23
「첫 걸음마」 92~93
「첼시 자기」 101
「침묵」 74~75

ㅋ

「카네이션을 든 여인」 9
컨스터블, 존 46~47
『켈스의 서』 58
『켈스의 서』 중 「마르코 복음서」의 첫 문장 59
『코란』 60
『코란』의 한 장 61
콘스탄츠의 마스터 하인리히 112~113
쿠르베, 구스타브 28~29
큐피드 104
크리벨리, 카를로 66~67
클레, 파울 152~153
클림트, 구스타프 82~83
키프, 켄 108~109

ㅌ

「톨레도의 풍경」 119

ㅍ

파브리아노, 젠틸레 다 130~131
페루지노, 피에트로 10~11
「포도가 담긴 분홍 그릇」 144~145
「폭풍우로부터 배를 구하는 성 니콜라우스」
　　130~131
퐁텐블로 파 142~143
푸생, 니콜라 104~105

플래너건, 배리 140
피렌체의 무명 화가 48~49

ㅎ

「할례」 56
함메르쇠이, 빌헬름 72~73
햄블턴, 메리 148~149
허버트, 앨버트 76~77, 102~103
호지킨, 하워드 114~115
「흰 라일락」 41
「흰 클레마티스」 147

도판 출처

p1 Reproduced by courtesy of the Trustees of the National Gallery, London

p3 Reproduced by courtesy of the Trustees of the National Gallery, London

p5 Musée d'Orsay, Paris

명상 - 침묵에 대하여

p6-7 Reproduced by courtesy of the Trustees of the National Gallery, London

p7 Reproduced by courtesy of the Trustees of the National Gallery, London

p9 The Metropolitan Museum of Art, Bequest of Benjamin Altman, 1913 (14.40.622) ©1991 By The Metropolitan Museum of Art

p11 Palazzo Pitti, Florence/ Bridgeman Art Library

p13 Private Collection

p15 Metropolitan Museum of Art, New York/Giraudon

pp16-17 Courtesy of the artist

p19 Reproduced by courtesy of the Trustees of the National Gallery, London

p21 Courtesy of the artist

pp22-23 Reproduced by courtesy of the Trustees of the National Gallery, London

pp24-25 Courtesy of Jill George Gallery, London

p27 Courtesy of Thomas Gibson Fine Art Ltd

pp28-29 Besançon (France), Musée des Beaux-Arts et d'Archéologie. Cliché Ch. Choffet

p31 Alte Pinakothek, Munich/ Joachim Blauel - Artothek

pp32-33 Collection Haags Gemeentemuseum - The Hague/©1995 ABC/ Mondrian Estate/Holtzman Trust. Licensed by ILP

p35 Courtesy of Edward Totah Gallery

p37 Uffizi Gallery, Florence/Scala

pp38-39 Kunsthistorisches Museum, Vienna

p41 Staatliche Museen zu Berlin, Preußicher Kulturbesitz Nationalgalerie

p42 By Courtesy of the Board of Trustees of the Victoria and Albert Museum

p43 Courtesy of Alistair Sampson Ltd

명상 - 평화에 대하여

p44-45 Reproduced by courtesy of the Trustees of the National Gallery, London

p45 Reproduced by courtesy of the Trustees of the National Gallery, London

p47 Reproduced by courtesy of the Trustees of the National Gallery, London

pp48-49 Palazzo Ducale, Urbino/Scala

p51 Accademia, Venice/Scala

p53 Reproduced by courtesy of the Trustees of the National Gallery, London

pp54-55 Uffizi Gallery, Florence/Scala

도판 출처

p57 Reproduced by courtesy of the Trustees of the National Gallery, London

p59 The Board of Trinity College Dublin

p61 Musée Conde, Chantilly/Giraudon

pp62-63 Christies, London/ Bridgeman Art Library

p65 Musée du Louvre, Paris/©Photo R.M.N.

p67 Reproduced by courtesy of the Trustees of the National Gallery, London

p69 Bequest of Dorothy Eckhart Williams; Robert Allerton Purchase, Bertha E. Brown, and Major Acquisitions funds, 1971.452, photo ©1995, The Art Institute of Chicago, All Rights Reserved

p71 Courtesy of the artist

p73 Aarhus Kunstmuseum

pp74-75 Royal Academy of Arts, London

pp76-77 Private collection, Courtesy England & Co Gallery, London

p79 The Besserrer Chapel, Ulm Cathedral/©Sonia Halliday and Laura Lushington

명상 - 사랑에 대하여

p80-81 Reproduced by courtesy of the Trustees of the National Gallery, London

p81 Reproduced by courtesy of the Trustees of the National Gallery, London

p83 Österreichische Galerie, Vienna/Artothek

p85 Rijksmuseum, Amsterdam

pp86-87 Private Collection

pp88-89 Reproduced by courtesy of the Trustees of the National Gallery, London

p91 Musée d'Orsay, Paris

pp92-93 The Metropolitan Museum of Art, Gift of George N. and Helen M. Richard, 1964. (64.165.2) Photograph by Malcolm Varon ©1985 By The Metropolitan Museum of Art

pp94-95 Reproduced by courtesy of the Trustees of the National Gallery, London

pp96-97 ©Museo del Prado, Madrid. All rights reserved

p99 Reproduced by courtesy of the Trustees of the National Gallery, London

pp100 Museo dell'Opera del Duomo, Florence

p101 Private Collection

p103 Private Collection, Courtesy England & Co. Gallery, London

pp104-105 Musée du Louvre, Paris

p106 Courtesy Savill Galleries, Sydney

pp108-109 Courtesy of Marlborough Fine Art Ltd

p111 Musée d'Orsay, Paris

p113 Museum Mayer van den Bergh, Antwerpen

pp114-115 Collection Mary Tyler Moore and Dr. S. Robert Levine, courtesy Anthony d'Offay Gallery

Photography for Dorling Kindersley
p100 Alison Harris;
p111 Susannah Price;
pp91, 104-105 Philippe Sebert

명상 - 기쁨에 대하여

pp116-117 Reproduced by courtesy of the Trustees of the National Gallery, London

p117 Reproduced by courtesy of the Trustees of the National Gallery, London

p119 The Metropolitan Museum of Art, H.O. Havemeyer Collection, Bequest of Mrs. H.O.

Havemeyer, 1929 (29.100.6) ©1992 By The Metropolitan Museum of Art

pp120-121 Reproduced by Permission of the Trustees of the Wallace Collection

p123 The Tate Gallery, London/©ADAGP/ SPADEM, Paris and DACS, London, 1995

pp124-125 Abby Aldrich Rockefeller Folk Art Center, Williamsburg, VA

p127 Courtesy of Montpelier Sandelson and the artist

pp128-129 Musée d'Orsay, Paris, ©Photo R.M.N.

pp130-131 Photo, Vatican Museums/IKONA

pp132-133 Galerie Daniel Malingue/©DAC 1995

p135 Bequest of John T. Spaulding, Courtesy, Museum of Fine Arts, Boston

p137 Santa Maria della Vittoria, Rome/Scala

p138 Musée du Petit Palais, Paris

p140 The Yorkshire Sculpture Park

p141 Private Collection

p143 Musée du Louvre, Paris

pp144-145 Courtesy of Thomas Gibson Fine Art Ltd

p147 Musée Marmottan, Paris

p149 Courtesy of the Pamela Auchincloss Gallery

p151 Kunstmuseum Düsseldorf im Ehrenhof

p153 Paul Klee-Stiftung, Kunstmuseum, Bern/ ©DACS 1995

Photography for Dorling Kindersley
pp147 Susannah Price;
pp138, 143 Philippe Sebert

원서 표지 도판 출처

After Luini
Saint Catherine (detail)
Inside front cover and spine
Reproduced by courtesy of the Trustees of the National Gallery, London

Attr. to Jacopo di Cione and Workshop
The Coronation of the Virgin with Adoring Saints
Front and back inside border
Reproduced by courtesy of the Trustees of the National Gallery, London

Attr. to Jacopo di Cione
Small Altarpiece: The Crucifixion (detail)
Front and back outside border
Reproduced by courtesy of the Trustees of the National Gallery, London

Roger Van der Weyden
The Magdalen Reading (detail)
Front cover centre
Reproduced by courtesy of the Trustees of the National Gallery, London